André Uzulis

Stille Nacht, heilige Nacht

200 Jahre ewiges Lied

REGIONALIA
VERLAG

Impressum

André Uzulis
Stille Nacht, heilige Nacht
200 Jahre ewiges Lied

1. Auflage 2022

Überarbeitete Neuauflage der im Bonifatius Verlag
erschienenen Erstauflage

Regionalia Verlag,
ein Imprint der Kraterleuchten GmbH,
Gartenstraße 3, 54550 Daun
Verlagsleitung: Sven Nieder

Fotos: siehe Anhang
Lektorat + Korrektorat: Tim Becker
Gestaltung, Satz: Kerstin Fiebig
Umschlag: Björn Pollmeyer

Hergestellt in der Europäischen Union, Bookpress

ISBN 978-3-95540-387-4
www.regionalia-verlag.de

Inhalt

Vorwort

Seit 2005 fahre ich regelmäßig ins Berchtesgadener Land. 2009 habe ich dort Wurzeln geschlagen. Auf meinen Wanderungen und kulturellen Streifzügen durch die Region und das benachbarte Salzburger Land bin ich schon früh auf das Stille-Nacht-Museum in Hallein gestoßen. Schöne Erinnerungen an das Weihnachten meiner Kindheit wurden bei diesen Museumsbesuchen wach, denn Weihnachten war und ist für mich ohne „Stille Nacht" nicht zu denken. Mir geht es da nicht anders als Millionen von Menschen und sicher auch den Leserinnen und Lesern dieses Buchs. Stunden des Übens am Klavier mit meiner aus Rumänien stammenden ebenso strengen wie einfühlsamen Klavierlehrerin, aber auch das folgende fröhliche Musizieren und Singen im Familienkreis an den Weihnachtstagen: „Stille Nacht" gehörte und gehört für mich zu Weihnachten wie Plätzchen und der Tannenbaum. Ich fühle mich tief berührt von dieser simplen Melodie und dem ergreifenden Text.

Das Lied ist zum Inbegriff abendländischer Weihnacht geworden, geliebt und geschätzt auf allen Kontinenten – der erste Welthit der Musikgeschichte lange bevor es Tonträger, Hitparaden und eine kommerzielle Unterhaltungsindustrie gab. Heute ist es das beliebteste deutschsprachige Lied überhaupt, noch vor Johannes Brahms' „Wiegenlied“ und Franz Schuberts „Am Brunnen vor dem Tore“.[1] Geplant war das alles nicht und konnte es auch gar nicht sein. „Stille Nacht“ ist eine Gebrauchs- und Gelegenheitsdichtung, schnell hingeworfen von Dichter und Komponist in jeweils einem luziden Moment ihres Lebens. In der Kulturgeschichte gibt es nur noch ein einziges weiteres Beispiel eines derart beiläufig erschaffenes Lieds, das eine ähnliche bis heute andauernde inhaltliche und emotionale Aufladung erfuhr: die Komposition eines bis dato völlig unbekannten französischen Hauptmanns namens Claude Joseph Rouget, genannt de Lisle, der in der Nacht vom 25. auf den 26. April 1792 in Straßburg über sich hinauswuchs und in nur zwei Stunden ein Lied komponierte, das auf seine ganz eigene Art und Weise die Welt prägen würde, geradezu eine Sternstunde der Menschheit: den „Chant de guerre pour l'armée du Rhin“ – besser bekannt als „Marseillaise“, die Mutter aller Nationalhymnen.

Ausgelöst durch die Besuche in Hallein, in Oberndorf und anderen Stille-Nacht-Orten in Österreich wuchs in mir der Wunsch, mehr zu erfahren von der Entstehung und Verbreitung von „Stille Nacht“, dieses Seelen-Liedes. Und so begann ich zu lesen, Archive zu besuchen, mit Wissenschaftlern zu sprechen. Ich bin dabei auf die faszinierende und durch und durch menschliche Geschichte zweier Männer gestoßen, die in schwerer Zeit in unverbrüchlicher Freundschaft zueinander fanden und sich gegenseitig in ihrer Kreativität bereicherten: die Geschichte des Hilfspriesters Joseph Mohr als Textdichter und des Lehrers Franz Xaver Gruber als Komponist.

Schon dem Direktor der Regensburger Kirchenmusikschule Prof. Dr. Karl Weinmann führte „Liebe und Freude zur Sache“[2] die Feder, als er 1918 eine systematische Geschichte zum 100. Geburtstag von „Stille Nacht“ vorlegte. Genau wie ihm ging es mir: Das Thema ist so erquicklich, dass es immer wieder eine Bereicherung war, darüber schreiben zu können. Insofern hat mir „Stille Nacht“ mit der Arbeit an diesem Buch Freude weit über Weihnachten hinaus geschenkt, obwohl es in den drückenden 30-Grad-Ferien des Sommers 2017 schon bizarr anmutete, sich mit einem Weihnachtslied zu beschäftigen. Aber das kann auch sein Gutes haben, wie mir in den heißen letzten Augusttagen 2017 eine Bibliothekarin des Deutschen Liturgischen Instituts in Trier sagte, als sie mir freundlicherweise Literatur zum Thema aus dem Magazin heraussuchte: „Fünf Titel ‚Stille Nacht‘, und schon fühlt man sich erfrischt.“

Nun sind seit Weinmanns Buch weitere 100 Jahre vergangen. Ich hatte keine „Paßschwierigkeiten“[3] wie mein Vorgänger beim Besuch der Stille-Nacht-Stätten in Österreich. Weinmann hatte die Staatsgrenze zwischen Deutschland und Österreich erst nach etlichen Formalitäten überschreiten können. Erst recht lebe ich nicht in einer Zeit des Krieges wie Weinmann, als er 1917/18 am Manuskript zu seinem Buch arbeitete. Die Teilung der Stadt Laufen, in deren früheren Ortsteil Oberndorf das Lied am Heiligen Abend 1818 zum ersten Mal gesungen wurde, ist durch die europäische Einigung längst überwunden. Die Menschen reisen heute ungehindert von einer Seite der Salzach zur anderen, bezahlen hüben wie drüben mit derselben Währung und stehen in der Stille-Nacht-Kapelle einträchtig vor den Porträts der beiden Schöpfer des Liedes. Die Stille-Nacht-Stätten sind fein herausgeputzt und ziehen heute täglich Touristen aus aller Welt an. „Stille Nacht“ ist zu einem Faktor in der Marketing-Strategie des Landes Salzburg geworden. In dieser glücklichen Zeit in Mitteleuropa, in der die meisten von uns leben dürfen, die aber andernorts immer noch von Krieg und Leid geprägt ist, wird das Lied nun 200 Jahre alt und bringt nach wie vor seine Sehnsucht nach einer heilen und besseren Welt zum Ausdruck. Doch auch in unserer Zeit ist nicht alles gut. Deshalb spricht das Lied in einer zeitlosen Aktualität zu uns, auch wenn es inzwischen ein „merkwürdiges Gebilde aus Dichtung, Musik, Frömmigkeit, Volkstum, politischen und wirtschaftlichen Interessen"[4] geworden ist. Zu seinem 200. Geburtstag war es an der Zeit, den neuesten Forschungsstand zu sichten, mit alten, sich hartnäckig haltenden Legenden aufzuräumen und in einer aktuellen Gesamtdarstellung Vorgeschichte, Entstehung, Wirkung und heutige Bedeutung von „Stille Nacht" darzulegen. Neue Quellen sind in den vergangenen Jahrzehnten aufgetaucht, am wichtigsten wohl das Autograph Joseph Mohrs mit der ältesten Abschrift des Liedes. Historiker, Musik- und Kulturwissenschaftler konnten viele Einzelaspekte zur Verbreitungsgeschichte ausleuchten und offene Fragen beantworten.

Die Literatur zu „Stille Nacht" ist inzwischen recht umfänglich, wenn auch nicht unüberschaubar. Neben dicken Forschungsbänden gibt es beschauliche Büchlein, die die alten Legenden fortspinnen, und auch hervorragende Monographien. Die vielleicht beste wurde 2002 von dem aus Chemnitz stammenden früheren Rektor der Hochschule für Kirchenmusik in Heidelberg, Professor Wolfgang Herbst, vorgelegt. Auf den Schultern seiner faktenreichen, nüchternen und gut lesbaren Untersuchung steht dieses Buch.

Vieles, was in der Geschichte des Liedes bislang die Aura des Geheimnisvollen oder des Legendenhaften hatte, ist inzwischen auf seinen wahren Kern reduziert worden. Die 1972 gegründete Stille-Nacht-Gesellschaft in Oberndorf fördert mit ihren Publikationen auf segensreiche Weise die weitere Erforschung des Liedes und seines

Umfelds. Das zum Keltenmuseum in Hallein gehörende Stille-Nacht-Museum wurde 2017 umfangreich saniert und präsentiert heute in der ehemaligen Wohnung des Komponisten Gruber wertvolle Exponate. Dass es überhaupt dieses und andere Museen gibt, ist einmalig in der Musikgeschichte. Keinem anderen einzelnen Lied sind eigene Museen und Gedenkstätten, keinem anderen Lied ist eine eigene wissenschaftliche Gesellschaft gewidmet.

Mehrere interdisziplinäre Symposien haben der Stille-Nacht-Forschung Impulse verliehen, so etwa eine Tagung 1993 aus Anlass des 175-jährigen Jubiläums des Liedes. Nicht zuletzt die Aufnahme der UNESCO von „Stille Nacht" in das immaterielle Welterbe der Menschheit 2011 unterstreicht seine Bedeutung.

Dieses Buch hätte nicht ohne die Mithilfe vieler Experten und unermüdlicher Helfer entstehen können. Mein besonderer Dank gilt Dr. Anna Holzner vom Kelten-Museum in Hallein, die dafür sorgte, dass meine Recherchen von Anfang an die richtige Richtung nahmen. Auch Renate Ebeling-Winkler bin ich zu großem Dank verpflichtet. Sie war bereit, sich mit mir im Café Tomaselli in Salzburg zu einem tiefgehenden Gespräch über ihre Forschungen zu treffen. Unvergessen bleibt mir ihr handgeschriebenes Schild mit der Aufschrift „Stille Nacht" vor sich auf dem Kaffeehaustischchen, durch das ich sie unbekannterweise problemlos identifizieren konnte. Ohne die Informationen der Entdeckerin der Mohr'schen Urfassung 1995 könnte dieses Buch nicht auskommen.

Der Theologe und Musikwissenschaftler Prof. Dr. Eckhard Jaschinski SVD (Sankt Augustin) hat den Text mit einer dreistelligen Zahl von Anmerkungen versehen und damit deutlich verbessert. Seine Einschätzungen zu etlichen Punkten haben mich ermutigt. Bei den Liturgiewissenschaftlern Prof. Dr. Klaus Peter Dannecker (Trier) und Prof. Dr. Benedikt Kranemann (Erfurt) sowie bei Albert Urban vom Deutschen Liturgischen Institut in Trier bedanke ich mich für die Vermittlung wichtiger Kontakte. Weitere Hilfestellungen kamen von der Joseph-Mohr-Biografin Dietlinde Hlavac aus Grödig, Michael Neureiter von der Stille-Nacht-Gesellschaft, Pater Winfried Bachler OSB vom Österreichischen Liturgischen Institut und Winfried Vogel vom Erzbistum Köln. Antje Diefenbach hat den Text frühzeitig durchgesehen und verbessert. Die umsichtige Korrektur des Manuskripts durch meine Frau Amalia Uzulis bewahrte mich vor grammatikalischen Sünden. Nicht zuletzt möchte ich meine Lektorin Gisela Appelbaum vom Bonifatius Verlag nennen, die mich umsichtig bei der Entstehung dieses Buches begleitet hat. Auf Karin Cordes geht die entsprechende Gestaltung zurück, in der der Text seine Form fand. Der Geschäftsführer des Bonifatius Verlags, Rolf Pitsch, hatte den Mut, sich auf das Projekt einzulassen; ohne ihn wäre es nicht zustande gekommen. Ihnen allen gebührt mein Dank für die Unterstützung, die vielen Hinweise und die stets gut gemeinte Kritik.

André Uzulis [Heiligabend 2017]

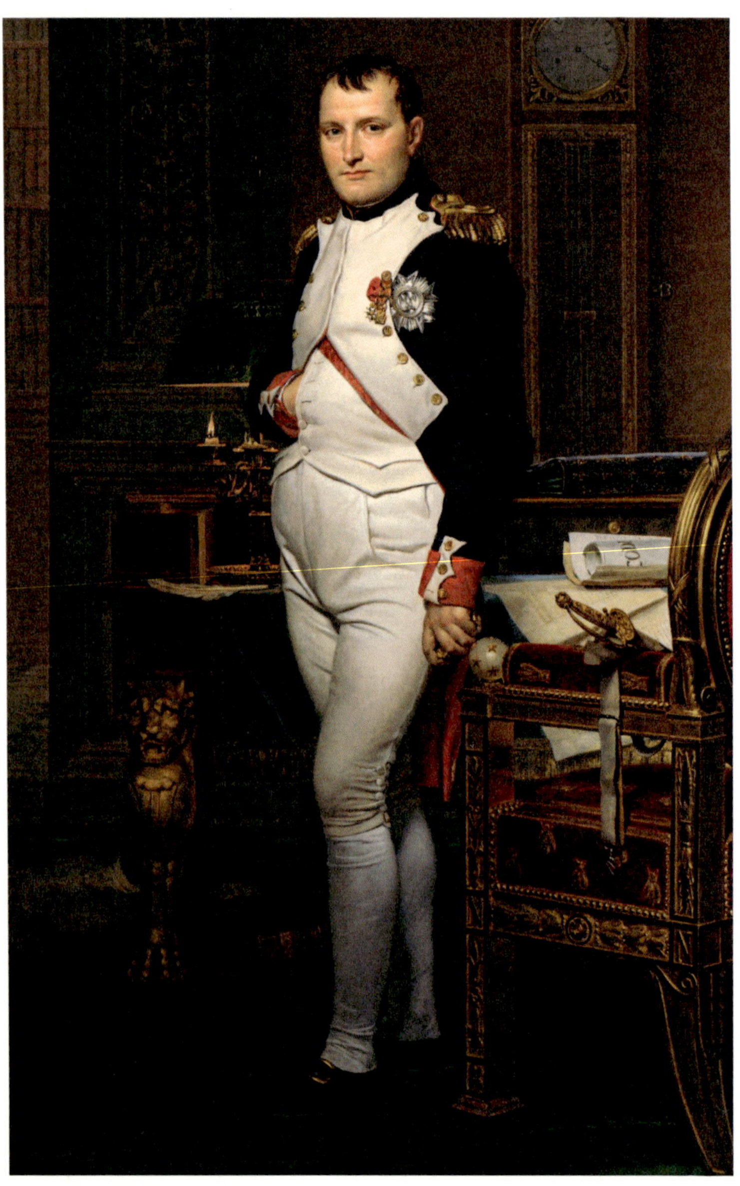

Napoleon Bonaparte (1769–1821)

Ein Vulkanausbruch, ein Kriegsende und die Not der Zeit: Joseph Mohr schreibt Stille Nacht

Das berühmteste Weihnachtslied der Welt entstand in trostloser Zeit. Im Jahr 1816 schrieb der katholische Hilfspriester der Gemeinde Mariapfarr im Lungau im Südosten des Landes Salzburg ein sechsstrophiges Gedicht nieder. Dem 24 Jahre alten Joseph Mohr floss es aus der Feder, in ergreifender Sprache, kunstvoll und doch volkstümlich: „Stille Nacht! Heilige Nacht. Alles schläft, einsam wacht nur das traute heilige Paar. Holder Knab im lockigen Haar. Schlafe in himmlischer Ruh, schlafe in himmlischer Ruh ..."

Geborgenheit und himmlische Ruh – das war es, wonach sich die Menschen in Mariapfarr mit ihren 2076 Seelen[5], aber auch im Land Salzburg, in Österreich und in Deutschland, ja in ganz Europa sehnten. Sie hatten Fürchterliches erlebt, die Gegenwart war bedrückend und die Zukunft düster. Der napoleonische Schrecken, der über den Kontinent mit seinen zahllosen Kriegen und Feldzügen, seinen umstürzenden politischen Neuordnungen und dramatischen Gebietsverschiebungen hinweggefegt war und eine ganze Generation entwurzelt zurückließ, war erst im Jahr zuvor zu Ende gegangen. Elend allerorten: das war seine Hinterlassenschaft.

Napoleon Bonaparte, der selbsternannte Kaiser der Franzosen, hatte in seinem 15 Jahre währenden Aufstieg und Fall Europa erst erobert und dann in den Abgrund gestürzt. Er konnte mit dem Kontinent machen, was er wollte. Er hat Fürsten gehetzt, ihre Reiche zerteilt. Er hat das Vermächtnis der europäischen Geschichte verspottet. Glanz und Gloria, Leid und Elend stehen auf seinem Konto. Auch den Menschen in Salzburg und Umgebung hatte Napoleon seinen Stempel aufgedrückt. Am 3. Dezember 1800 rückten seine Soldaten in Salzburg ein und raubten und brandschatzten und misshandelten, was und wen sie konnten. Sie hatten monatelang keinen Sold bekommen und hielten sich an der eroberten Stadt frei. Den Schrecken ihrer Besatzung kann man sich heute kaum mehr vorstellen. Dabei sollte dies nicht der einzige Einfall fremder Truppen sein, den die Salzburger ertragen mussten.

Napoleon konnte erst 1813 in der vermutlich größten Schlacht der Weltgeschichte, der Völkerschlacht bei Leipzig, niedergerungen werden. Ein gemeinsamer Kraftakt von Russland, Preußen, Österreich und Schweden war dazu nötig. 600.000 Soldaten waren daran beteiligt. Ein Jahr später wurde der Kaiser der Franzosen nach der Einnahme von Paris durch die alliierten Truppen abgesetzt und auf die Insel Elba verbannt. Doch das Drama sollte noch immer kein Ende nehmen: Als Wiedergänger versetzte er ein weiteres Mal, diesmal für hundert Tage, Europa in Angst und Schrecken. In der Schlacht bei Waterloo 1815 schließlich konnte Napoleon von Briten, Niederländern und Deutschen ein für allemal besiegt werden. Nach Sankt Helena im Südatlantik verbannte man ihn, an den Rand der Welt, von wo aus keine Rückkehr mehr möglich war, nie mehr. Europa atmete auf. Die europäischen Länder waren ausgezehrt, die Menschen erschöpft.

Der Wiener Kongress ordnete den Kontinent neu. Für Stadt und Land Salzburg hatte das ebenso wie für viele andere Gebiete und seine Bewohner dramatische Folgen. Die Salzburger Bischöfe hatten im 13. Jahrhundert landesherrliche Rechte erworben, ihr Territorium war zu einer Art Kirchenstaat geworden, in dem sie jahrhundertelang sowohl die geistliche als auch die weltliche Macht ausübten. Durch die Salzvorkommen in der Region waren sie dabei über alle Maßen reich geworden. Die barocke Pracht Salzburgs erzählt noch heute davon. In der napoleonischen Zeit stürzte dann jahrhundertelang sicher Geglaubtes in sich zusammen. 1803 traf der Reichstag in Regensburg eine folgenschwere Entscheidung, deren Reichweite zunächst gar nicht abzusehen war und die das Gesicht Mitteleuropas drastisch veränderte – bis in unsere Tage hinein: in Folge dieses so genannten Reichsdeputationshauptschlusses wurden die geistlichen Territorien in Deutschland säkularisiert und den durch die napoleonischen Kriege landlos gewordenen Fürsten übereignet. Die nachfolgende Entschädigungswelle schwemmte erst die Reichskirche hinweg und dann in weiterer Folge 1806 auch das Heilige Römische Reich Deutscher Nation, das seit dem Ausgang der Antike ein Anker der Geschichte Europas gewesen war.

Wie so viele andere wurde auch das weit mehr als tausend Jahre alte geistliche Territorium Salzburg 1803 aufgelöst und als Herzogtum Salzburg zusammen mit Berchtesgaden und den Bistümern Passau und Eichstätt dem Großherzogtum Toskana zugeschlagen; neuer Landesherr wurde Ferdinand von Toskana, ein Bruder Kaiser Franz II. Der letzte mit weltlicher und geistlicher Macht ausgestattete Fürsterzbischof, der kränkliche Hieronymus von Colloredo (1732–1812), dankte als Staatschef ab und verließ seine Residenz. Er verwaltete bis zu seinem Tode 1812 lediglich noch als Erzbischof die ihm verbliebene Diözese aus dem fernen Wien. In den Salzburger Palästen gingen die Lichter aus. Colloredo, der 1772 zum Erzbischof gewählt worden war, unterzeichnete am 11. Dezember 1803 sein Rücktrittsdekret. Schon

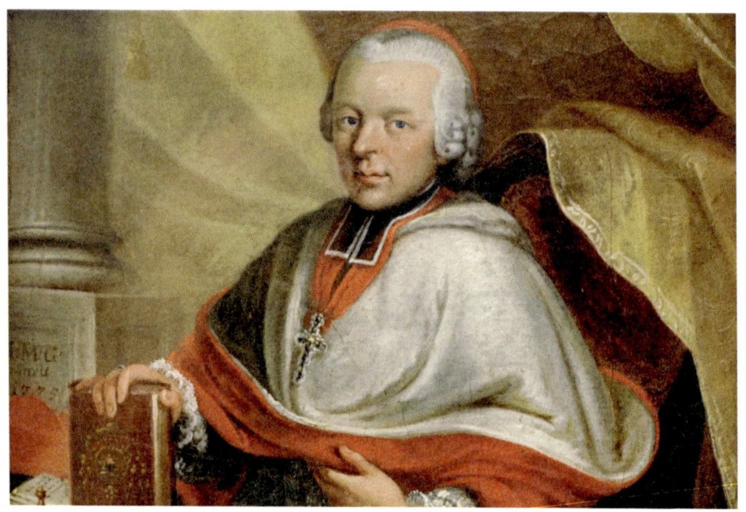

Hieronymus von Colloredo (1732–1812)

1800 war er vor den heranrückenden Franzosen nach Wien geflohen. Er ließ sich nie wieder in Salzburg blicken.

In den rund drei Jahrzehnten seiner Regierungszeit kam es zu einem letzten Höhepunkt der Salzburger Kultur. Colloredo war ein „durchaus moderner Regent im Geiste der europäischen Aufklärung"[6], so das Urteil der Historiker über ihn. Seine Verdienste sind unbestritten. Colloredo förderte vernunftbegabtes und logisches Denken, die Naturwissenschaften und den kritischen Diskurs. Dies allerdings nicht immer zur Freude seines Volkes. So reduzierte der wenig verbindliche und in der Öffentlichkeit hölzern wirkende Fürsterzbischof gleich zu Beginn seiner Amtszeit die bis dahin geltenden 95 kirchlichen Sonn- und Feiertage auf 71, um „Müßiggang und Ausschweifung" einzudämmen.[7] Die Volksfrömmigkeit war ihm ebenso ein Dorn im Auge wie – erstaunlich für einen Salzburger Fürsterzbischof – übermäßiger Prunk.

Er hatte sich in seinem Territorium insbesondere für eine Modernisierung des Schulwesens eingesetzt und den im Alpenraum sich hartnäckig haltenden Aberglauben bekämpft – sehr zum Groll der in großen Teilen ungebildeten Bevölkerung. Der Fürsterzbischof wollte Salzburg zu einem „geistlichen Musterland“[8] machen, in dem die Pressezensur liberal gehandhabt, Meinungsfreiheit gefördert und der Schuldenberg seines verschwenderischen und im Volk verhassten Vorgängers Sigismund Christoph Graf von Schrattenbach abgebaut werden sollte. Schrattenbach hatte zwar Schulden über Schulden angehäuft, ist aber auch in die Geschichte eingegangen als Förderer musikalischer Koryphäen wie Leopold und Wolfgang Amadeus Mozart sowie Michael Haydn.

1805 wurde das inzwischen so gut wie bankrotte Salzburg im Frieden von Preßburg österreichische Provinz. Kaiser Franz konnte sich mit dem neuen Titel „Herzog von Salzburg“ schmücken und seiner Krone die Güter des Erzstifts und des Domkapitels einverleiben. Ganze Wagenladungen von Kunstschätzen wurden von Salzburg nach Wien verfrachtet und befinden sich dort heute immer noch. Es ging weiter hin und her. 1809 rückten erneut französische Truppen ein. 1810 geriet Salzburg unter bayerische Herrschaft. Auch die Bayern waren nicht zimperlich, was den Umgang mit Land und Leuten anging. Unter bayerischer Herrschaft wurden in Salzburg mehr als 200 Bauernhöfe zwangsversteigert. Steigende Abgaben und geringere Nachfrage trieben die Besitzer mitsamt ihrem Gesinde in den Ruin.[9] Die Bayern nahmen unter anderem die unschätzbar wertvolle Bibel des Pfarrers Peter Grillinger von 1428 aus Joseph Mohrs späterer Gemeinde in Mariapfarr mit nach München. Der betuchte Grillinger war zwischen 1419 und 1448 Seelsorger der Gemeinde gewesen, hatte wertvolle Bücher gesammelt und die romanische Kirche gotisch umgestalten lassen. Die auf Pergament handgeschriebene Bibel des Pfarrers mit 115 Abbildungen war „das kostbarste Buch weit und breit“[10]. Sie wurde nie wieder zurückgegeben und befindet sich heute in der Bayerischen Staatsbibliothek München.

Erst mit den Beschlüssen des Wiener Kongresses 1815 wurde die Region endgültig österreichisch, und es kehrte zumindest politisch Ruhe ein. Allerdings hatte es dazu erst noch eines militärischen Aufmarschs der Habsburger bedurft, und auch in Bayern übten sich Landsturm, Landwehr und Nationalgarde an den Waffen. Österreich und Bayern erhoben beide lautstark und säbelrasselnd Anspruch auf das übrig gebliebene Erbe der Fürsterzbischöfe.

Doch zumindest dieser neuerliche Schrecken blieb den Salzburgern erspart. Im Vertrag von München vom 14. April 1816 handelten die beiden Streitparteien einen klassischen Kompromiss aus: Das alte Erzstift Salzburg fiel an Österreich – allerdings beraubt seiner landwirtschaftlich wertvollsten Regionen: der links von Salzach und Saalach gelegenen Teile der Ämter Waging, Tittmoning, Laufen und Teisendorf und damit der gesamte Rupertiwinkel, der seit dem 13. Jahrhundert zu Salzburg gehört hatte, die Kornkammer der Erzbischöfe. Auch Berchtesgaden wechselte wieder den Landesherrn. Diese Gebiete sind seitdem bayerisch. De facto bedeutete dies: Teilung des Salzburger Landes. Und die wurde von den Menschen ebenso schmerzlich empfunden wie zuvor bereits der Raub wertvoller Kunstschätze.

Besonders hart traf die „Territorial-Ausgleichung“, wie die neue Grenzziehung genannt wurde, die Stadt Laufen an der Salzach. Laufen war einst die zweitgrößte Stadt in Salzburg und der Heimathafen der fürsterzbischöflichen Flusshandelsflotte, über die der lukrative Salztransport abgewickelt wurde. Die rechts des Flusses gelegenen Vororte Altach und Oberndorf blieben bei Salzburg, Laufen selbst wurde bayerisch. Oberndorf sollte noch lange Österreichisch-Laufen, Kaiserlich-Königlich-Laufen, Neulaufen oder Laufen am rechten

Salzachufer genannt werden.[11] Bis zum 1. Dezember 1997, dem Beitritt Österreichs zum Schengen-Raum, musste man beim Grenzübertritt über den Fluss seine Papiere vorzeigen. Die Grenze durchschnitt plötzlich eine über Jahrhunderte auf beiden Seiten des Flusses gewachsene Stadt. Auch die Pfarrei des Ortes wurde zerrissen. In Oberndorf musste eine neue Pfarrei gegründet werden, deren Pfarrkirche die alte Schifferkirche St. Nikola wurde; hier wurde 1818 erstmals „Stille Nacht" gesungen. Wir kommen darauf zurück.

Auch andernorts verlor Salzburg Territorien: Im Osten und im Süden mussten Gebiete an „Österreich ob der Enns" (heute Oberösterreich) und an Tirol abgetreten werden, der Rest des Landes blieb bis auf weiteres ein „oberösterreichisches Anhängsel"[12]. Denn nach dem Anschluss an Österreich wurde Salzburg zunächst Oberösterreich als Kreis (Bezirk) unterstellt – was für eine Demütigung für einen ehemals souveränen Staat! Die Stadt Salzburg sank von einer prachtvollen Residenzstadt zu einer Kreisstadt herab wie viele andere in der Provinz des Habsburgerreiches. Die Entscheidungen fielen erst einmal in Linz, das „das Land Salzburg gleichsam wie einen dummen Schulbuben behandelte"[13]. Erst 1848 bekam Salzburg wieder eine eigene Verwaltung. Der Landesname Salzburg blieb gar bis 1850 ausgelöscht.

Salzburg fand sich also als großer Verlierer unversehens am Rande des österreichischen Großreiches wieder, politisch degradiert und wirtschaftlich und kulturell am Nullpunkt. Salzburgs barocke Pracht, ein Glanzpunkt mitteleuropäischen Selbstbewusstseins, verfiel. Kaum jemand hatte mehr ein Auge für den Dom, einst das erste Barockbauwerk nördlich der Alpen, oder für die Erhardkirche mit ihrer beherrschenden Tambourkuppel oder für den entzückenden Mirabellgarten.

Österreich hatte seine habsburgischen Erblande zwar endlich zu einem geschlossenen Gebilde abrunden können, aber im fernen Wien interessierte man sich nicht allzu sehr für den Neuzugang im

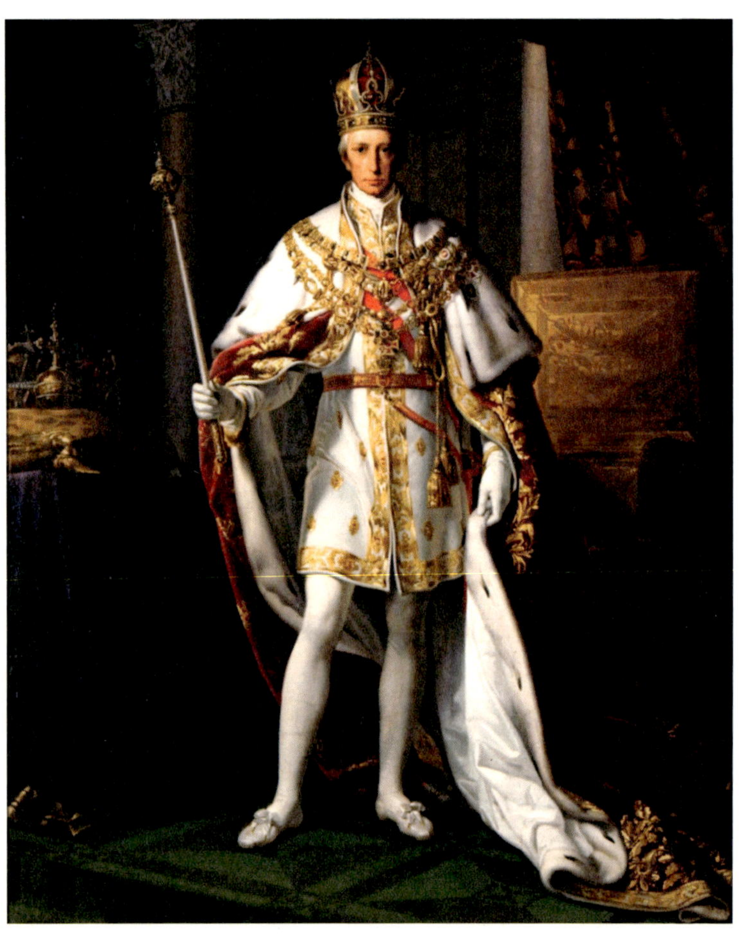

Kaiser Franz I. (1768–1835)

Westen. Die Salzach, jene Lebensader des Salzburger Landes, war über Nacht Grenzfluss geworden. Wer über die Salzach Handel treiben wollte, musste plötzlich horrende Zölle zahlen. Insbesondere das Getreide aus dem reichen, aber nunmehr bayerischen Rupertiwinkel konnte nur noch hoch besteuert importiert werden. Nahrungsmittel wurden knapp, die Menschen begannen zu hungern. Die Not griff um sich. 1815 war die Hälfte der Stadtbewohner Salzburgs mittellos, zwischen 1816 und 1822 wurden in der Stadt Salzburg ein Fünftel bis ein Viertel der Bevölkerung aus Armenfonds unterstützt.[14] Die Bettlerei nahm „unglaubliche Ausmaße" an.[15] Salzburg verkam „zu einem Betteldorf mit leeren Palästen", wie die Bürgerschaft schrieb. Sie flehte den Kaiser um Hilfe an.[16]

Wer konnte, verließ die Region und suchte sein Glück in der Fremde. 1817 erreichte die Bevölkerungszahl im Land mit 134.000 einen Tiefststand. Zum Vergleich: heute leben allein in der Stadt Salzburg rund 150.00 Menschen, im Bundesland Salzburg sind es 550.000. Die fürsterzbischöflichen Hofangestellten und Hoflieferanten brauchte niemand mehr. Die Beamten, die Intellektuellen, die Künstler zogen weg, viele von ihnen gingen nach Wien, wo jetzt die Musik spielte und der neue Kaiser Franz I., der 1804 ohne rechtliche Grundlage das österreichische Kaisertum begründet hatte, der Mittelpunkt war. Als Kaiser Franz II. hatte er 1806 die Krone und das Regiment des Heiligen Römischen Reichs Deutscher Nation abgelegt und einen Schlussstrich unter tausend Jahre deutscher Geschichte gezogen. In Wien lebte und regierte es sich für den neuen Habsburger Kaiser dagegen behaglich.

Mit Hilfe seines Staatskanzlers, des Koblenzers Klemens Wenzel Lothar von Metternich, machte Franz aus dem neuen Österreich einen reaktionär-biedermeierlichen Obrigkeitsstaat. Metternichs „eiserner Sargdeckel"[17] ging über dem Land nieder. Das neue Zauberwort der Politik hieß „Restauration", und Metternich war ihr oberster Exekutor im Reich der Habsburger. Die alte Ordnung, die die französischen Revolutionäre und der korsische Emporkömmling Napoleon so empfindlich gestört hatten, sollte wiederhergestellt, restauriert, werden. Metternich schirmte den scheinbar so mächtigen Familien-

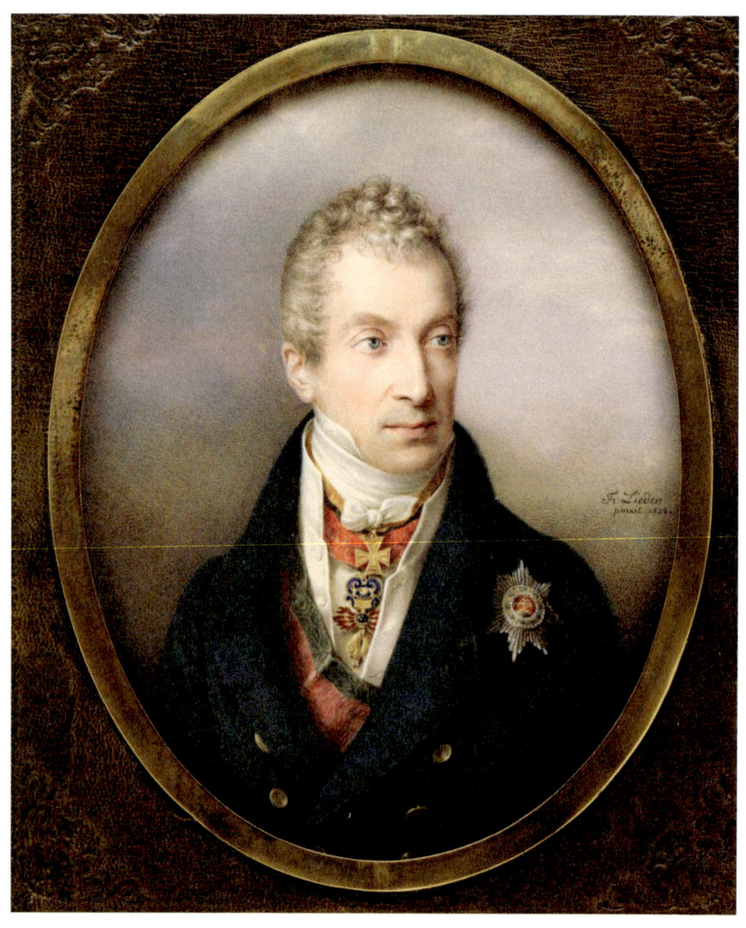

Klemens Wenzel Lothar Fürst von Metternich (1773–1859)

baum der Wiener Herrscherfamilie „gegen jeden kalten Lufthauch“[18] ab. Jedes Aufbegehren sollte schon im Keim erstickt werden. Finanzminister Johann Philipp von Stadion legte zudem einen Ring von Zollschranken um das Reich, unter dem naturgemäß die Grenzregionen am meisten leiden mussten.

Zurück blieben in Salzburg die zahllosen Handwerker, die bislang bei Hofe ein gutes Auskommen hatten und die keine Chance hatten wegzugehen. Sie mussten sich mit niederen Arbeiten weit unter ihrer Qualifikation und gegen einen Hungerlohn durchschlagen. Die Qualität ihrer Gewerke brach ein. Auch die früheren Dienstboten purzelten durch die plötzliche Arbeitslosigkeit die soziale Leiter hinunter. Der Verlust der Residenzstadtfunktion hatte ernste Folgen auch für den Handel. Viele Geschäftsinhaber gaben auf, von den Bauern des Umlandes ganz zu schweigen.

Nicht nur die Kriegsfolgen und die politischen Verschiebungen waren Ursachen der Not. Ein fernes Naturereignis warf in jenen Jahren buchstäblich seinen Schatten über Mitteleuropa, und keiner der Zeitgenossen konnte sich erklären, was da eigentlich vor sich ging: Im April 1815 war auf der 13.000 Kilometer von Salzburg entfernten indonesischen Insel Sumbawa der Vulkan Tambora ausgebrochen – eine Katastrophe von biblischem Ausmaß: die größte Vulkanexplosion seit Auftreten des modernen Menschen auf der Erde und die größte in geschichtlicher Zeit beobachtete Eruption: viermal so stark wie der Ausbruch des Krakatau 1883 und 170.000 Mal so stark wie die Atombombe von Hiroshima. Um die 4000 Menschen starben direkt nach dem Ausbruch des Tambora auf Sumbawa, ein Tsunami riss ganze Inseln weg, wohl 100.000 Menschen kamen in der Folge ums Leben. Der Vulkan schleuderte die unvorstellbare Menge von 50 Kubikkilometern Magma in die Luft.[19] Die Asche, es war die zehnfache Menge des Krakatau-Ausbruchs, verdunkelte die Region in einem Umkreis von 600 Kilometern zwei Tage lang – und verteilte sich nach und nach in großer Höhe in der gesamten Erdatmosphäre, wo sie wie ein globaler Schleier die Sonneneinstrahlung dämpfte.

Monate später erreichte dieser Ascheschleier Nordamerika und Europa. Die Jahresdurchschnittstemperatur in dieser ohnehin kühlen

Klimaperiode zu Anfang des 19. Jahrhunderts sank weltweit um 2 Grad. 1816 ging als das bis dahin kälteste Jahr seit Beginn der Wetteraufzeichnungen in die Geschichte ein – und verschärfte die politisch und kriegsbedingt ohnehin dramatische Situation zusätzlich.

Die Natur schlug Kapriolen: Auf der Schwäbischen Alb schneite es im Juli. In Ungarn ging schwarzer Regen nieder. Wo das Getreide zur Milchreife gelangen konnte, wenn es nicht schon im Dauerregen verfault war, zerstörten schwere Hagelschauer die Ähren. In Aufzeichnungen des Meteorologischen Observatoriums Hohenpeißenberg in Bayern, der weltweit ältesten Bergwetterstation, ist 1816 von Überflutungen, zerstörten Dorffluren, immer wiederkehrenden Hagelschlägen, „furchtbaren Gewittern“, „Donnerwetter“, Schneefall, Verödungen und Verschlammungen die Rede.[20]

Es gab Missernten allerorten, zumal das Saatgut durch die vorangegangenen kühlen Jahre ohnehin nicht von bester Qualität war. In ganzen Regionen fiel die Ernte komplett aus. Besonders betroffen waren in Europa die Gebiete nördlich der Alpen: vom Elsass über die Deutschschweiz, Baden und Württemberg, Bayern, Vorarlberg und das Salzburger Land. Die Getreidepreise erreichten mit bis zum Vierfachen des Üblichen für weite Bevölkerungsschichten unbezahlbare Höhen. Was tun? Zum Teil aßen die Menschen Gras, unreifes Obst oder Schnecken, um zu überleben. In der Schweiz wurde der Notstand ausgerufen. In England und Frankreich kam es zu Aufständen. Württemberg hob 1816 das Auswanderungsverbot auf, woraufhin viele Betroffene ihre Koffer packten, um ihr Glück in Nordamerika oder in Südrussland zu versuchen.

Der Ausfall der Haferernte hatte ein Massensterben bei Pferden zur Folge, was wiederum zu einem wirtschaftlich empfindlichen Mangel an Zugtieren führte und die Entwicklung der Draisine beförderte. 1816 ging als „Jahr ohne Sommer“ in die Geschichte ein, der

Volksmund nannte dieses Jahr bitter „Achtzehnhundertunderfroren". In den Folgejahren waren die Sonnenuntergänge durch die Ascheteilchen in der Atmosphäre von nie dagewesener Pracht; Gemälde von Carl Spitzweg oder William Turner zeugen noch heute davon.

Die Menschen konnten sich keine Vorstellung davon machen, dass die Missernten und ihre Not in Zusammenhang mit einem Vulkanausbruch am anderen Ende der Welt standen. Sie nahmen ihr Elend als gottgegeben hin oder sie sahen darin eine Strafe Gottes für individuelles Fehlverhalten. Wie hätten sie es besser wissen sollen? Erst rund hundert Jahre später fand der amerikanische Klimaforscher William Jackson Humphreys im Vulkanausbruch des Tambora die Erklärung für das Klimakatastrophenjahr 1816.

Diejenigen, die nicht auswanderten, sondern sich ihrem Schicksal in der Heimat ergaben, suchten Trost in der in den süddeutschen und österreichischen Ländern weit verbreiteten Volksfrömmigkeit, die nun wieder eine neue Blüte erlebte. Der nüchterne Salzburger Fürsterzbischof Hieronymus von Colloredo hatte 1782 aus Anlass der 1200-Jahrfeier seines Erzbistums Wallfahrten und Bittgänge untersagt, Kirchenschmuck und Kirchenmusik aufs Nötigste reduziert und Kirchenkrippen abgeschafft.

Fronleichnamsprozessionen durften nur ohne allzu viel Zier und Dekoration stattfinden, die Kräuter- und Speisenweihen mussten eingestellt werden und bildliche Darstellungen der Himmelfahrt Christi hatten zu verschwinden. Als erbitterter Gegner des Aberglaubens hatte er sowieso schon Sonnenwendfeiern, Wetterläuten, das Brunnenspringen der Metzger und sogar das Tragen von Gamsbart und Schildhahnfeder verboten. Colloredo hatte „ohne Zweifel die besten Absichten und wollte die ursprüngliche Reinheit der katholischen Religion, die einfache Frömmigkeit sowie die Toleranz gegen Andersgläubige und karitative Werke in den Vordergrund stellen. Bei seinen weitreichenden Reformen fehlte ihm aber jedes Verständnis für historisch gewachsenes religiöses Brauchtum", urteilte der Salzburger Kirchenhistoriker Franz Ortner.[21] Mit der auferlegten religiösen Schlichtheit zumindest war es jedenfalls nach Colloredos Abgang vorbei. Durch das Leid im Jahr 1816 erlebte die Hinwendung zu den Heiligen und insbesondere zu einer fantasievollen Verehrung von Jesus Christus als dem Bruder und dem Retter in der Not eine Renaissance. In Scharen pilgerten die Menschen nach Altötting in Bayern oder zu den Wallfahrtskirchen Dürrnberg bei Hallein, Maria Plain oder Torren im Salzburger Land.

In dieser schweren Zeit also, in der die Menschen um Trost rangen und mehr denn je um ihr Heil beteten, teilte der 24 Jahre alte Hilfspriester Joseph Mohr im hoch gelegenen Mariapfarr im Lungau das karge Dasein seiner verarmten Gemeinde und lebte in der Verzweiflung und im Hunger seiner ihm anvertrauten Herde. Mit seiner leutseligen Art verstand er die Menschen, die Armen und die Kinder.[22] Die Not war ihm täglicher Begleiter. Er sah sie bei Besuchen in den armseligen Häusern der Gemeinde, in dem immer gleichen Essen auf dem Tisch der Bewohner, in den Lumpen ihrer Kleidung und auch in der Schmucklosigkeit seiner eigenen Stube und in der Kälte der Kirche, in der er die heilige Messe feierte und die Beichten hörte. Er suchte nach einem Ausdruck für Hoffnung und Frieden in dieser Zeit der Prüfung, die er und die Menschen um ihn herum durchleben mussten. Er fand ihn in einem Gedicht. Sechs Strophen. Titel: „Stille Nacht! Heilige Nacht!" Die fromme Herzenseinfalt dieses Gedichts war genau zugeschnitten auf das Gemüt seiner Gemeinde.

Wann genau Mohr die sechs Strophen von „Stille Nacht" schrieb, ist nicht bekannt. Es ist anzunehmen, dass er das Gedicht im Herbst 1816 verfasste, denn bis zum Frühsommer des Jahres hatten noch marodierende bayerische Soldaten im Lungau gewütet. 1816 war das erste Weihnachtsfest im Frieden nach schrecklichen Jahren. Sehr wahrscheinlich ist, dass Mohr das Gedicht auf diesen ersten Heiligabend ohne Gewalt und Schrecken hin schrieb. Der Text von „Stille Nacht" dürfte also irgendwann zwischen Mai und Dezember 1816 entstanden sein. Sicher ist indes seit einigen Jahren, dass Mohr und niemand anders der Textdichter des berühmtesten Weihnachtsliedes ist. Aller Not zum Trotz: „Für den frommen Priester Mohr beendete dieses Weihnachtsfest ein Jahr, in dem die Liebe Gottes auch in den Entwicklungen der Zeitgeschichte deutlich geworden ist."[23]

Mohr spricht in seinem Gedicht die Sehnsucht nach Rettung, nach Völkerverständigung, nach Schonung und nach Liebe aus. Insbesondere die vierte – heute leider nicht mehr gesungene – Strophe mit ihrer die Moderne vorwegnehmenden Idee der Völkerverständigung deutet auf die Erfahrungen in seiner Zeit hin. Er traf mit dem Gedicht das Gefühl dieser Zeit und die Herzen der ihm anvertrauten Menschen. Abgesehen von einigen sentimentalen biedermeierlichen Wendungen war es Mohr gelungen, die Summe des Weihnachtsereignisses in einem einfachen Text zusammenzufassen. Er verdichtete die alttestamentliche Prophetie und die neutestamentliche Botschaft zu einem eingängigen Geschehen, in dem der Gottessohn nicht mit Angst und dem Jüngsten Gericht in Verbindung gebracht wird, sondern er bezeugt Jesus und dessen Gnadenfülle ganz im Gegenteil als einzigartigen Heils- und Friedensbringer. Wobei Mohr den Zorn Gottes über seine sich immer wieder von ihm abwendenden Geschöpfe keineswegs umgeht. Aber er spricht davon, dass Gott „vom Grimme befreit aller Welt Schonung verheißt". Weihnachten wird damit (wieder) zur frohen Botschaft der Hoffnung und der versöhnenden Zuwendung.[24] Dieses „gelüftete Geheimnis des Erscheinens Gottes in Menschengestalt"[25], der ein Erbarmen für seine Geschöpfe hat: das war Balsam auf der geschundenen Seele der Menschen zu Beginn des 19. Jahrhunderts.

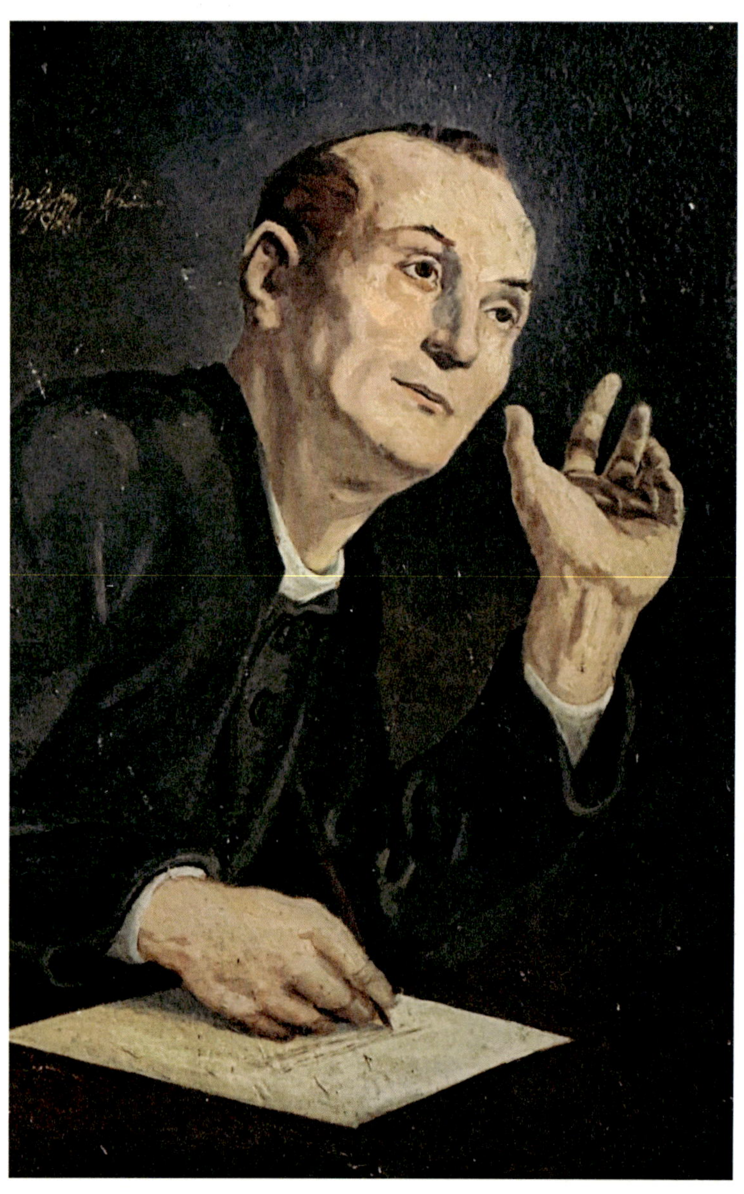

Joseph Franz Mohr (1792–1848)

Ein Gedicht wird zum Lied: Uraufführung 1818

Es war am 24t Dezember des Jahres 1818, als der damalige Hülfspriester Herr Josef Mohr bei der neu errichteten Pfarr St. Nicola in Oberndorf dem Organistendienst vertretenden Franz Gruber in Armsdorf (sic!) ein Gedicht überreichte, mit dem Ansuchen, eine hierauf passende Melodie für 2 Solo-Stimmen sammt Chor und für eine Guitarre=Begleitung schreiben zu wollen. Letztgenannter überbrachte am nämlichen Abend noch diesem musikkundlichen Geistlichen gemäß Verlangen, so wie selbe in Abschrift dem Original ganz gleich beiliegt, seine einfache Composition, welche sogleich in der Heiligen Nacht mit allen Beifall produzirt wurde."[26]

Diese in der komplizierten Sprache und für den heutigen Leser ungewohnten Orthografie des Jahres 1854 verfasste so genannte „Authentische Veranlassung" des Dorfschullehrers und Musikers Franz Xaver Gruber ist die verspätet ausgestellte „Geburtsurkunde" von „Stille Nacht". Ihr beigefügt war ursprünglich eine Abschrift von Noten und Text. Der Begriff „Veranlassung" bedeutete im Sprachgebrauch jener Zeit nichts anderes als „einem Gelegenheit zu etwas geben (...), welches er sonst nicht getan haben würde"[27] – also die Darlegung eines Sachverhalts auf ausdrückliche Bitte.

Mit der Zusammenführung des zwei Jahre zuvor entstandenen „Stille Nacht"-Gedichts des Priesters Joseph Mohr und seiner Vertonung durch Gruber begann 1818 die Existenz dieses Weihnachtsliedes. Die „Authentische Veranlassung" vom 30. Dezember 1854 ist zugleich die einzige bekannte Originalquelle, die zur Entstehung des Liedes überliefert ist. Mehr haben wir nicht. Wann und wie das Lied entstand, darüber gibt es nur diese einzige Aufzeichnung des Komponisten Gruber. Alles andere sind Hinzudichtungen und Ausschmückungen. Gäbe es Grubers Notiz nicht, wären wir allein auf mündliche Überlieferungen mit all ihren Unwägbarkeiten angewiesen.

Fast auf den Tag genau 36 Jahre nach dem erstmaligen Erklingen des Liedes hat Gruber diese „Authentische Veranlassung" verfasst. Warum?

Zu jenem Zeitpunkt – 1854 – war das Lied in vielen Teilen Europas bereits bekannt. Landauf landab wurde es zur Weihnachtszeit gesungen und gespielt, niemand kümmerte sich damals um Textdichter und Komponist. Urheberrechte waren kein Thema. Die Königlich-Preußische Hofmusikkapelle in Berlin aber wollte es dennoch genau wissen und wandte sich an die Benediktiner-Erzabtei St. Peter in Salzburg mit der Anfrage, aus wessen Feder „Stille Nacht" eigentlich stamme. Die Berliner Musiker waren vermutlich davon ausgegangen, dass es eine Komposition von Michael Haydn (1737-1806) war, und diese Vermutung war in der Tat nicht ganz aus der Luft gegriffen.

Michael Haydn war der jüngere Bruder des bekannten Komponisten Joseph Haydn, der 1797 für Franz II. das Gedicht „Gott erhalte Franz, den Kaiser" vertont hatte, das 1922 mit dem Text von August Heinrich Hoffmann von Fallersleben deutsche Nationalhymne werden sollte und bis heute (in der dritten Strophe) ist. Michael Haydn war als der „Salzburger Haydn" bekannt und schuf zahlreiche Werke der Kirchenmusik. Insbesondere hatte er auch deutschsprachige

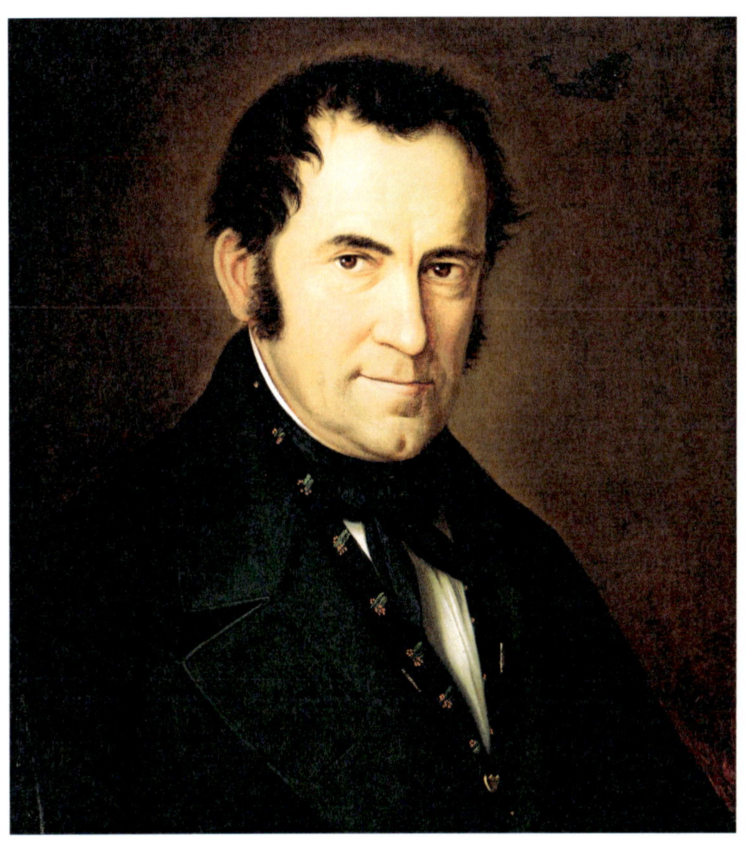

Franz Xaver Gruber (1787–1863)

Gesänge, darunter Weihnachtslieder komponiert. Die Vermutung, er könnte hinter „Stille Nacht“ stecken, war also plausibel.

Die Anfrage der Königlich-Preußischen Hofmusikkapelle wurde vom Chorchef Pater Ambros Prennsteiner vermutlich über Franz Xaver Grubers Sohn Felix, der zu jener Zeit Sängerknabe am Salzburger Dom war, an Gruber weitergeleitet. Der Komponist, der sich all die Jahre um sein Weihnachtslied nicht geschert hat und von dem bis

1854 auch keine Aussagen dazu überliefert sind, scheint sich erst mit der Anfrage aus Berlin seiner Autorschaft bewusst geworden zu sein. Zugleich ist in ihm der Wunsch geweckt worden, den Sachverhalt klarzustellen.[28] Bemerkenswerterweise erwähnte Gruber seinen Freund Joseph Mohr nicht ausdrücklich als Dichter des Textes, sondern er stellte nur lapidar fest, Mohr habe ihm ein „Gedicht" mit dem Ansuchen überreicht, es zu vertonen. Die Glaubwürdigkeit der „Authentischen Veranlassung" musste von den Nachkommen Grubers mehrmals verteidigt werden. Mohr selbst hatte sich nie zu dem Lied geäußert, jedoch gibt es indirekte Zeugnisse Mohrs über seine Entstehung, die die Glaubwürdigkeit der „Authentischen Veranlassung" Grubers bestätigen.[29]

1818, als „Stille Nacht" als Lied entstand, war Gruber 31 Jahre alt und arbeitete schon seit mehr als elf Jahren als Lehrer in Arnsdorf. 1816 hatte er zusätzlich den Organistendienst in der Kirche St. Nikola in Oberndorf übernommen, weil der ehemalige Laufener Stadtteil keinen eigenen Organisten mehr hatte. Dies war eine der – sicherlich geringeren – Auswirkungen der vorausgegangenen politischen Verwerfungen und der Teilung der Stadt Laufen. Oberndorf war ja vom Leid jener Jahre ganz besonders betroffen. In Oberndorf lernte Gruber den 25-jährigen Hilfspriester Joseph Mohr kennen, der erst kurz zuvor seine Stelle dort angetreten hatte. Die beiden Männer kamen aus bescheidensten Verhältnissen und freundeten sich rasch an.

Dass der „auffallende Gegensatz zwischen der Weltgeltung unseres Weihnachtsliedes und dem bescheidenen, ja versteckten Leben seiner Verfasser, zusammen mit der tiefen Wirkung, die von dem Liede ausgeht, immer wieder gemütvolle Romantiker verleitet hat, die Entstehungsgeschichte mit allerhand anekdotischen Einzelheiten auszuschmücken", ist nicht verwunderlich, wie der Salzburger „Stille Nacht"-Forscher Max Gehmacher anmerkte.[30] An jenem Heiligabend jedenfalls, als Gruber innerhalb nur weniger Stunden am heimischen Klavier zum Gedicht Mohrs die gemütliche „Stille Nacht"-Melodie komponierte[31], war die Orgel in der Kirche St. Nikola in Oberndorf außer Betrieb und sollte es auch noch Jahre lang bleiben. Er griff auf alte harmoniereiche Volksweisen zurück, auf die wir später noch eingehen werden.

Die Legende aber, dass Mäuse den Blasebalg der Orgel zerfressen hätten, ist ein Märchen, das von der in Wien geborenen Schauspielerin Hertha Pauli (1906-1973), der Schwester des Physik-Nobelpreisträgers Wolfgang Pauli, nach ihrer Emigration in die USA in die Welt gesetzt worden ist. Sie wollte mit dieser Ausschmückung in ihrem 1943 in New York erschienenen Buch „Silent Night. The Story of a Song" Kindern die Geschichte des Liedes näherbringen. Und für Kinder ist die Anekdote mit den Mäusen und dem Blasebalg ja auch wirklich reizend. Allein, ihr fehlt jedes Körnchen Wahrheit.

Kurz vor Weihnachten 1818 hatte die altersmüde Orgel ihren Dienst aufgegeben. Schuld daran waren nicht die Mäuse, sondern die große Kälte in jenem Winter. Der Blasebalg war durch die Minustemperaturen undicht geworden, so dass den Pfeifen keine Luft zugeführt werden konnte. Gerade der Umstand, dass die Orgel kaputt war, sollte für die Verbreitung des Liedes jedoch von größter Bedeutung sein, wie wir noch sehen werden.

Dass Mohr zur Gitarre griff, dürfte indes nicht nur an der kaputten Orgel gelegen haben, sondern auch am staatlichen Druck, im Volks- und Schulgesang die Gitarre als Begleitinstrument zu verwenden und nicht mehr die Orgel, die den originären Kirchenliedern vorbehalten bleiben sollte. Die Gitarre wurde zu jener Zeit staatlicherseits besonders gefördert. Jedenfalls sah das die Reform des noch auf Maria Theresia zurückgehenden Reichsvolksschulgesetzes vor. Die Gitarrenbegleitung hatte ihren Grund auch im Charakter des Liedes,

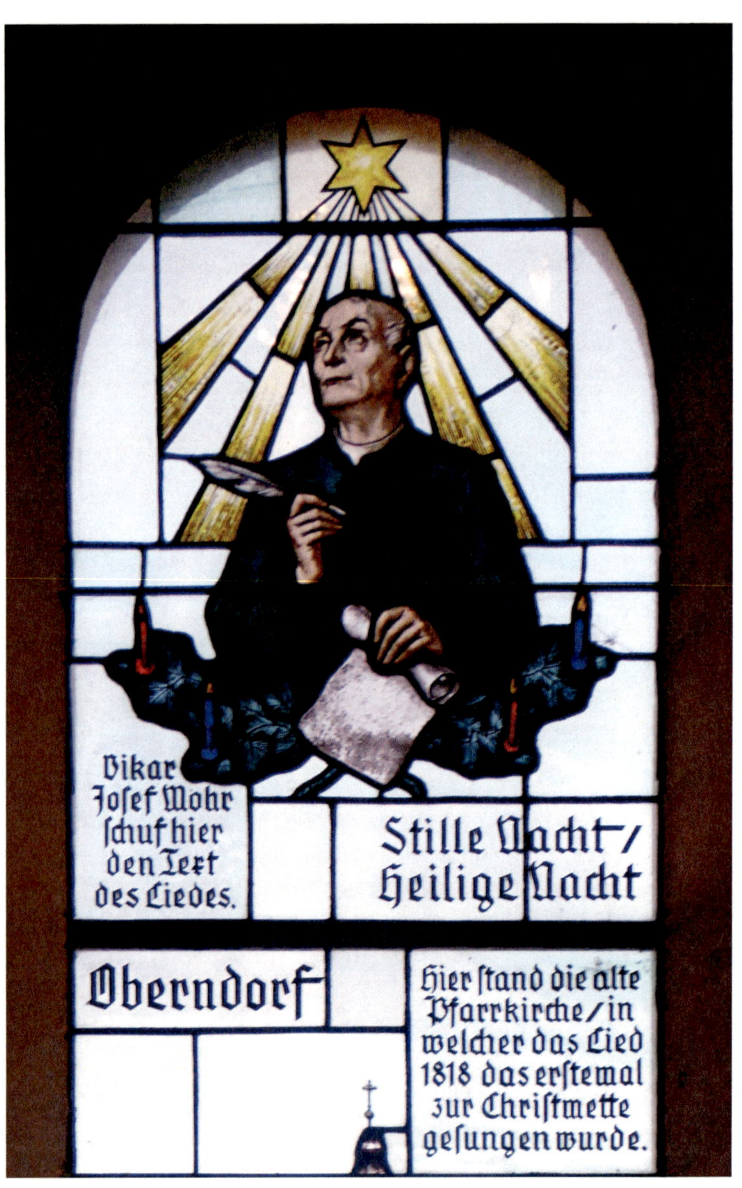

Detail eines der Glasfenster aus St. Nikola, Oberndorf

für das in der offiziellen Liturgie der heiligen Messe kein Platz war und damit auch eine Orgelbegleitung gar nicht in Frage kam, selbst wenn das Instrument intakt gewesen wäre. Für einen liturgischen Kontext war eine Gitarrenbegleitung zu Beginn des 19. Jahrhunderts völlig undenkbar.[32]

Es ist daher auch dem Umstand der fehlenden liturgischen Anschlussfähigkeit geschuldet, dass „Stille Nacht" von der Oberndorfer Gemeinde Weihnachten 1818 nicht innerhalb des Gottesdienstes gesungen wurde – sondern danach, und zwar an der in der Kirche aufgestellten Krippe, in der nach bayerisch-österreichischem Brauch durchaus ein an Barockengelchen erinnerndes Jesuskind mit blondgelocktem Haar gelegen haben könnte, wie es uns Joseph Mohr in „Stille Nacht" vorstellt. Noch heute erklingt das Lied am Heiligen Abend außerhalb des liturgischen Ablaufs der Messe, nämlich zu Beginn oder am Schluss, wenn das Licht in der Kirche gelöscht wird und die ganz besondere Stimmung dieser Nacht spürbar wird.

Die Kirche St. Nikola war dem Schutzheiligen der Schiffer, dem heiligen Nikolaus geweiht. Sie stammte ursprünglich aus romanischer Zeit und brannte 1757 bis auf ihren Turm nieder. Nach 1770 wurde sie im Stile des Rokoko wiederaufgebaut, allerdings war sie ständig von Hochwassern der Salzach bedroht. Am 30. November 1903 erreichte das Pfarramt die behördliche Anordnung, die Kirche wegen Einsturzgefahr zu schließen.[33] 1905 riss man sie nach einem schweren Hochwasser ab und erbaute sie an anderer, sichererer Stelle in Oberndorf wieder auf. Inzwischen bestehen Zweifel, ob der Abriss wirklich notwendig war. Die Mohr-Biografin Dietlinde Hlavac ist der Auffassung, dass die Kirche keineswegs derart baufällig gewesen sei. Zumindest der romanische Turmstumpf und damit ein authentisches Stück Architektur mit Bezug zum „Stille Nacht"-Lied hätte 1905 erhalten werden können.[34] Die Krippe, vor der in der Kirche das Lied gesungen wurde, ist immerhin erhalten. Sie befindet sich heute im Heimatmuseum Ried in Oberösterreich.

Auf dem Schutthügel der alten Kirche in Oberndorf wurde 1937 die Stille-Nacht-Kapelle errichtet, die an das Lied und seine Erstaufführung 1818 erinnert – heute ein viel besuchter Touristenmagnet im Salzburger Land. Aber man stelle sich vor, die alte Kirche St. Nikola stünde noch und könnte als originale Stille-Nacht-Stätte noch besucht werden!

Zum ersten Mal gesungen wurde das Lied nach der Christmette am Abend des 24. Dezember oder in den frühen Morgenstunden des 25. Dezember 1818. Mitternachtsmessen waren in Bayern und in Österreich seit 1806 per Dekret der jeweiligen Regierungen verboten worden. Sie mussten auf den frühen Morgen des Weihnachtsfestes verschoben werden und galten dann als erste Messe dieses hohen Festtages.[35] Vor den mit Flößern, Waldarbeitern, Grenzern und Tagelöhnern aus der Oberndorfer Schiffersiedlung gut gefüllten Kirche St. Nikola griff nach der Messe an der Krippe Joseph Mohr zur Gitarre und hob mit Gruber die Stimme zu „Stille Nacht, heilige Nacht …“. Die Festgemeinde dürfte zunächst ergriffen zugehört und dann vielleicht eingestimmt haben, summend, denn den Text kannte sie ja noch nicht. In dieser Stunde war ein Lied in der Welt, das sie nicht mehr verlassen sollte, das nie mehr vergessen wurde und das zum musikalischen Inbegriff von Weihnachten werden sollte.

Durch neuere Forschungen darf heute als gesichert gelten, dass es tatsächlich Joseph Mohr war, der die Gitarre gespielt hat[36] und zugleich die Oberstimme sang, den Tenor. Auch das war immer wieder bezweifelt worden. Gruber sang die Bassstimme. Keiner der beiden ahnte die Größe dieser Stunde, in der etwas vollkommen Neues in die Welt getreten war: das erste Lied in der Geschichte, geboren aus tiefgläubiger Seele, das um den Globus gehen sollte – ein „Weltlied“[37].

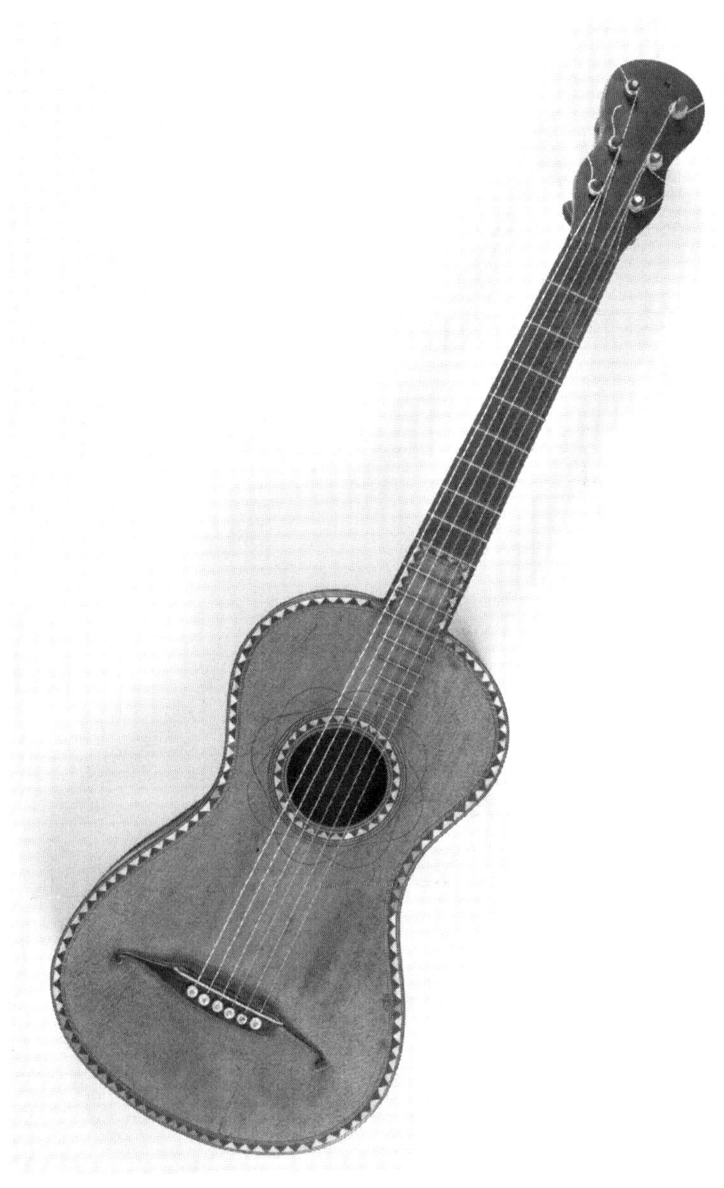

Originalgitarre von Joseph Mohr

Die erste Aufführung endete, wie Gruber anmerkte „mit allem Beifall“[38]. Dass ein deutschsprachiges Lied im Anschluss an die lateinisch gehaltene Christmette gesungen wurde, war gerade im Salzburger Land schon seit der zweiten Hälfte des 18. Jahrhunderts nicht unüblich. Dass aus diesem musikalischen Beiwerk eine „weihnachtliche Internationale“[39] werden sollte, war allerdings sehr ungewöhnlich.

Lange Zeit war in der Literatur davon die Rede, dass die Gitarre Gruber gehörte (was als Lehrer und Musiker durchaus nicht von der Hand zu weisen gewesen wäre) und er sie auch spielte.[40] Im Glasfenster der Stille-Nacht-Kapelle in Oberndorf ist immer noch fälschlicherweise Gruber als Gitarrist zu sehen. Woher diese Legende stammt, ist nicht mehr nachvollziehbar. Jedenfalls sponn sie selbst der Enkel von Felix Gruber, der auch den Namen Felix trug, noch jahrelang fort, obwohl er es besser wusste, wie die „Stille Nacht“-Expertin Anna Holzner 2016 feststellte.[41]

Besitzer der Gitarre, eines schönen Instruments mit Körper aus Ahorn, einem Hals aus Rotbuche und einem Steg aus Tierknochen, war Mohr.[42] Die Gitarre stammte vermutlich aus Sachsen, wo es zum Beginn des 19. Jahrhunderts einen regen Instrumentenbau gab, jedoch aus keiner berühmten Werkstatt. Der Bauart nach dürfte sie um 1800 entstanden sein, sie hat die typische Wiener Form mit dem Griffbrett auf der gleichen Ebene wie die Gitarrendecke.[43] Es ist nicht bekannt, wann Mohr sie erwarb, erstmals erwähnt wurde sie 1818.[44] Bekannt ist aber, dass er sie ein Leben lang behielt und sie an seine verschiedenen Einsatzorte im Erzbistum Salzburg mitnahm. Nach seinem Tod in Wagrain am 4. Dezember 1848 wurde sie mit seinem überschaubaren Nachlass versteigert. Ein Freund Mohrs, Josef Felser, ein Lehrer aus Altenmarkt, erwarb das Instrument.

Der weitere Verbleib dieser Gitarre, auf der erstmals „Stille Nacht“ erklungen war, ist ein amüsanter Nebenaspekt der Geschichte des

Weihnachtsliedes: Sie kam später in den Besitz des Gastwirts des „Täublwirtshaus", J. Schnöll, in Kuchl, östlich von Berchtesgaden im Salzburgischen gelegen. Dort hing sie jahrelang in der Wirtsstube und soll sogar für Wirtshausprügeleien eingesetzt worden sein. Ein Wunder, dass sie dabei nicht zu Bruch gegangen ist. Freunde des Gruber-Enkels Felix kauften dem Täubl-Wirt 1911 die Gitarre ab und schenkten sie Professor Felix Gruber junior zu seiner Hochzeit mit der Sängerin Ella Koleit. Erst jetzt also kam die Gitarre in den Besitz der Familie Gruber, und der Enkel des Komponisten begann an der Legende zu stricken, sie habe bereits seinem Großvater gehört.

1938 bewarb sich Felix Gruber um die Stelle des Standesbeamten bei der Stadt Hallein. Um den Job zu bekommen, musste er den Nachlass seines Großvaters der Stadt vermachen, so auch die Gitarre. Dieser klugen Forderung der Stadtverwaltung ist es zu verdanken, dass die Gitarre erhalten geblieben ist; wer weiß, was mit ihr im Krieg geschehen wäre, wenn sie in Privatbesitz geblieben wäre.

Als Teil des Erbes des „Stille Nacht"-Komponisten blieb sie bis 1952 in Kisten verpackt und überstand den Zweiten Weltkrieg unversehrt in einem Bergwerk. Nach dem Krieg entdeckte Österreich den eingelagerten Schatz und nutzte ihn zu einer weltweiten Charmeoffensive; die Gitarre avancierte zum nationalen Kulturgut. 1965 wurde sie in Dallas, Ottawa, New York und Los Angeles gezeigt – kurz vor Weihnachten desselben Jahres auf Bitte von Willy Brandt, dem Regierenden Bürgermeister von Berlin, auch im Schöneberger Rathaus. 1976 ging sie nochmals auf Tournee in die USA, diesmal in 17 Museen und Bibliotheken. Im Jahr darauf konnten die Berliner sie ein weiteres Mal bewundern, als sich das Landesverkehrsamt Salzburg in der geteilten Stadt präsentierte. Seit 1983 ist Mohrs Gitarre in Hallein als eines der Prunkstücke im Stille-Nacht-Museum zu sehen, in den einstigen Wohnräumen Grubers im Mesnerhaus gegenüber der Kirche.

Das Text- und Notenblatt, das 1818 bei der ersten Aufführung von „Stille Nacht" verwendet wurde, die so genannte Urfassung, ist nicht überliefert. Es handelt sich um einen vom früheren Kustos des Salzburger Museums Carolino Augusteum, Josef Gassner, rekonstruierten Archetyp, dessen Bestätigung durch ein Original aber wohl ausbleiben wird. Jahrelang hat man nach jenem Notenblatt gesucht, von dem Mohr und Gruber 1818 gespielt und gesungen haben. Es ist verschollen. Die Urfassung soll sich zuletzt im Besitz von Mohr befunden haben, jedoch verliert sich ihre Spur in den 38 Zeitläuften. Die Behauptung, Gruber habe die Niederschrift später dem Volksliedforscher Ludwig Christian Erk geschenkt, ist eine weitere Legende. Erk erwarb sich zwar um Sammlung, Pflege und Herausgabe des deutschen Volkslieds große Verdienste – sein Interesse an „Stille Nacht" datiert aber nicht vor 1870. Sowohl Mohr als auch Gruber gaben Abschriften an ihnen bekannte Lehrer und Organisten in der Region weiter, die wiederum Fassungen für ihre lokalen Aufführungsbedingungen schufen.[45]

Von Mohr existiert heute eine Lied-Abschrift, von Gruber fünf, aber keine ist das Original des 24. Dezember 1818. Drei dieser Autographen befinden sich im Stille-Nacht-Archiv in Hallein, zwei im Salzburg-Museum, eines in der Oberösterreichischen Landesbibliothek in Linz. Mohrs Autograph ist die früheste Überlieferung von „Stille Nacht" in der Besetzung der Uraufführung, die wir besitzen. Mohr vermerkt darin die beiden Autoren des Liedes: an der rechten oberen Seite steht: „Melodie von Fr: Xav: Gruber", an der linken unteren Seite „Text von Joseph Mohr m(anu) propr(ia) Coadjutor 1816".[46] Mohr vermerkte also sehr akribisch, wann er den Text verfasst hatte. Das Jahr dieser Abschrift indes ist unbekannt, sie dürfte aber aus der Zeit unmittelbar nach der Uraufführung stammen.

Die eigentliche Urschrift lässt sich nach Auffassung des Salzburger Musikwissenschaftlers Thomas Hochradner anhand der Mohr-

und der Gruber-Autographen sowie verschiedener früher Abschriften des Liedes rekonstruieren. Demnach war das Lied für zwei Solostimmen in D-Dur und im 6/8-Takt gesetzt und enthielt einige später aufgegebene Textvarianten, darunter in der ersten Strophe „Heil'ge Nacht!" anstatt „Heilige Nacht!". Die Melodieführung wich in den Takten 5 und 7 von Grubers später mit Tinte geschriebenen eigenhändigen Niederschriften ab – beide Takte waren ursprünglich ohne Punktierung der vierten Achtel notiert.[47] Eine Gitarrenbegleitung war nicht verzeichnet, da Gruber davon ausgehen musste, dass Mohr als guter Musiker das Instrument beherrschte und improvisieren konnte.

Die verschiedenen Autographen wurden vom Stille-Nacht-Forscher Josef Gassner systematisiert und mit römischen Ziffern von I bis VII versehen. Gassner ließ die Nummern I (Urschrift) und VI (Ergänzung zur Authentischen Veranlassung) offen, da diese Versionen verschollen sind. Ursprünglich hatte er die Reihenfolge chronologisch nach dem Jahr ihres Entstehens angeordnet, jedoch haben neuere Forschungen hier und da Abweichungen ergeben. Dennoch werden die Autographen in der Literatur immer noch nach Gassners Nummerierung zitiert. In der Dokumentation am Ende dieses Buches findet sich ein Überblick über die Autographen in der Zählweise Gassners, der mit Nummer VIII die erst 1995 entdeckte Mohr-Handschrift hinzugefügt wurde.

Grubers fünf überlieferte Niederschriften sind:

_ eine undatierte (wahrscheinlich 1854 entstandene[48]), 1931 entdeckte, in Bleistift notierte Fassung für 2 Singstimmen und Chor in D-Dur ohne instrumentale Begleitung, 5 Strophen Text (es fehlt merkwürdigerweise die dritte Strophe) auf der Rückseite eines Blattes mit der Orgelstimme des von Gruber komponierten Hochzeitsliedes „Gott segne das geschloss'ne Band" (Autograph II, Stille-Nacht-Museum, Hallein).

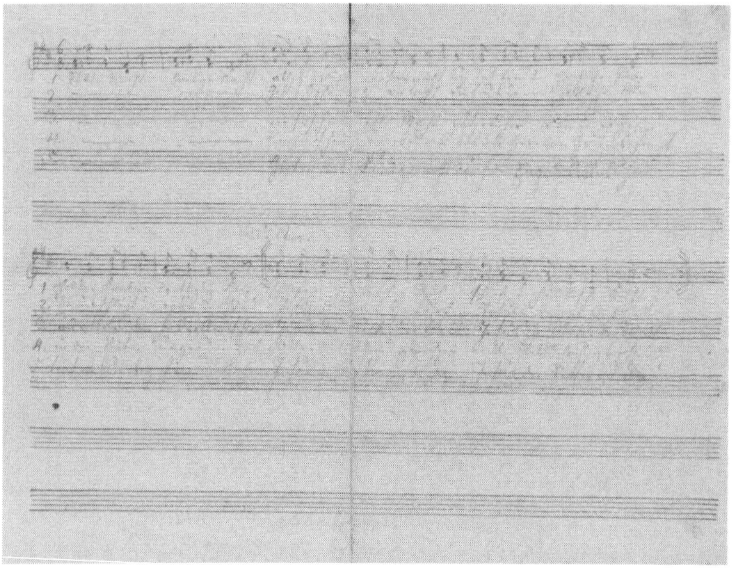

Autograph II

_ eine verschollene, undatierte Handschrift, die dem 1885 als Druckwerk in Linz herausgegebenen Weihnachtsspiel „Die heilige Nacht“ des Priesters Johann Georg Huber als Vorlage gedient hat. Nur die beiden Singstimmen gelten als authentisch[49] (Autograph III, Oberösterreichische Landesbibliothek, Linz).

_ eine am 12. Dezember 1836 entstandene, kunstvoll ausgeschmückte und von Gruber auch mit seinem Namen versehene so genannte „Halleiner Fassung“ für 2 Singstimmen (Sopran und Alt), Chor und großes Orchester (Flöte, 2 Klarinetten, Fagott, 2 Waldhörner, 2 Violinen, Kontrabass, Orgel) in Es-Dur. Dieses Arrangement entsprach den im Gegensatz zu Arnsdorf und Oberndorf wesentlich besseren kirchenmusikalischen Möglichkeiten in Hallein, die Gruber als inzwischen an der dortigen Stadtpfarrkirche tätiger Organist und Chorleiter vorfand. Diese Fassung dürfte von Gruber alljährlich zu Weih-

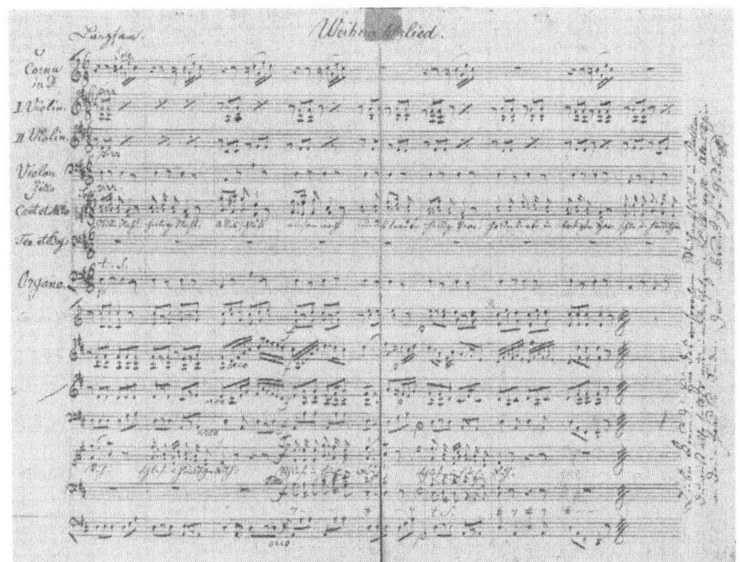

Autograph V

nachten in Hallein aufgeführt worden sein[50] (Autograph IV, Stille-Nacht-Museum, Hallein).

_ eine um 1845 sehr sorgfältig notierte „Hornfassung“ in D-Dur, wiederum für Sopran und Alt und vierstimmigen Chor, aber diesmal auch für 2 Hörner, 2 Violinen, Violoncello und Orgel. Sie trägt die Überschrift „Weihnachtslied“ und enthält als Text nur die erste Strophe. In der Musikwissenschaft gilt diese heute weit verbreitete Fassung wegen ihrer formalen Ausgewogenheit und wegen ihres Verzichts auf improvisatorische Elemente als die musikalisch überzeugendste.[51] Sie wird daher auch als Originalfassung bezeichnet (Autograph V, Stille-Nacht-Museum, Hallein).

_ eine um 1860 entstandene, 1951 bei der Neukatalogisierung der Musikaliensammlung des Museums Carolino Augusteum von Josef Gassner entdeckte Fassung für Sopran und Alt „mit stiller Orgelbeteiligung“,

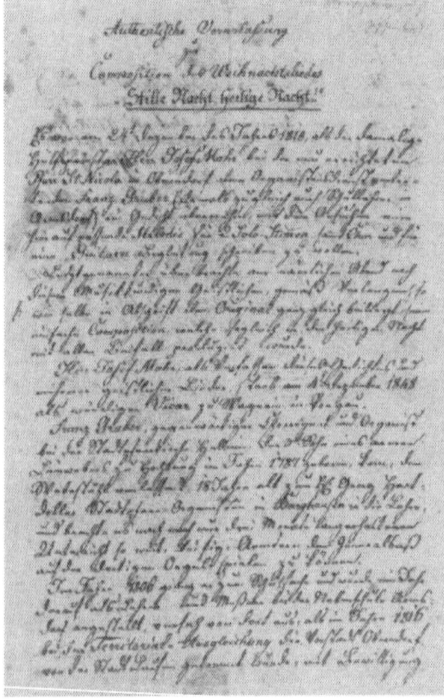

Authentische Veranlassung, Vorderseite

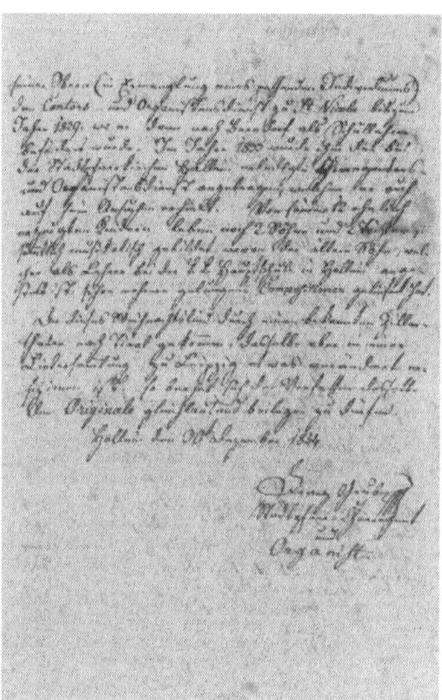

Authentische Veranlassung, Rückseite

die sich an der Idiomatik des Zupfinstruments Gitarre orientiert. Grubers ältester Sohn Franz machte das Autograph dem Museum Carolino Augusteum im Todesjahr seines Vaters 1863 zum Geschenk (Autograph VII, Salzburg-Museum).

Einen neuen Impuls bekam die Stille-Nacht-Forschung im Jahr 1995, als im Familienbesitz der Salzburger Germanistin Elisabeth Kruckenhauser die oben erwähnte Handschrift aus der Feder von Joseph Mohr auf einem 26,6 mal 36,3 cm großen Notenblatt entdeckt wurde, die um 1820 entstanden sein muss.[52] Es handelt sich um einen zweistimmigen Satz für Solostimmen mit Gitarrenbegleitung mitsamt allen sechs Strophen. Mohr hat am unteren linken Rand den Hinweis gegeben „Text von Joseph Mohr Coadjutor 1816. mia (manu propria, eigenhändig)". Über der ersten Zeile steht „Melodie von Fr. Xav. Gruber". Mit der

Datierung des Textes auf das Jahr 1816 war nunmehr klar, dass der Stille-Nacht-Text knapp zwei Jahre vor der Melodie entstanden ist und nicht, wie man bis dato annahm, in etwa gleichzeitig mit der Melodie. Zudem war diese Handschrift der endgültige Beweis, dass Joseph Mohr und Franz Xaver Gruber die Urheber von „Stille Nacht" sind. Diese früheste bekannte Überlieferung des Liedes befindet sich heute ebenfalls im Salzburg-Museum.

Franz Xaver Grubers „Authentische Veranlassung" aufgrund der Nachfrage der Königlich-Preußischen Hofmusikkapelle ging nach Berlin und in Abschrift nach Salzburg in die Verwaltung des Erzbistums. Sie wurde nirgends veröffentlicht, eine Reaktion darauf ist weder aus Berlin noch aus Salzburg überliefert. Offensichtlich haben die beiden Schriftstücke weder hier noch dort große Kreise gezogen, sonst hätte der besagte Volksliedforscher Erk, der seit 1835 in Berlin lebte, sich bei seinen Forschungen zu „Stille Nacht" nicht erst 1873 um genauere Kenntnisse zur Entstehungsgeschichte bei Felix Gruber (Sohn) in Hallein bemühen müssen.[53]

Gruber war in Berlin ein vollkommen unbekannter Komponist und sollte es noch lange Zeit bleiben. Vermutlich hat die Leitung der Königlich-Preußischen Hofmusikkapelle sein Schreiben zur Kenntnis genommen und es dann abgelegt. Im Kunstund Kulturbetrieb Deutschlands und Österreichs waren Mitte der 50er Jahre des 19. Jahrhunderts andere Werke wichtiger: Gustav Freytag veröffentlichte seinen Roman „Soll und Haben", eines der meistgelesenen literarischen Werke seiner Zeit. Franz Liszt machte mit seinem Klavierkonzert Nr. 1 Es-Dur Furore, das in Weimar unter der Leitung von Hector Berlioz uraufgeführt wurde. In Berlin studierte die Hofmusikkapelle Werke von Chopin, Lorzing und Wagner ein, um sich als modernes Orchester zu präsentieren. „Die Komposition ‚Stille Nacht, heilige Nacht' lag unberührt im Notenstapel des Orchesters, wurde unter der

Rubrik ‚Volkslied' eingeordnet und bekam vorerst nicht die Ehre, entsprechend ihrem Wert bearbeitet und aufgeführt zu werden"[54], kritisierte 150 Jahre später der Kulturjournalist Franz Schaub.

Überliefert ist die „Authentische Veranlassung" in einer Konzeptform aus dem Nachlass Grubers, flüchtig geschrieben auf grauem Papier. Sie befindet sich heute im Stille-Nacht-Museum in Hallein. Gruber selbst legte keinen besonderen Wert auf sein Lied, wenngleich die Nachfrage aus Berlin wohl, wie bereits erwähnt, erstmals ein gewisses Bewusstsein über die Bedeutung seines Liedes bei Gruber geweckt hatte. Zumindest wollte er die Entstehungsgeschichte klarstellen.[55] Wie er sich indes 36 Jahre nach der Uraufführung noch so genau an jenen Heiligen Abend 1818 erinnern konnte, bleibt ein Rätsel. „Vielleicht hat er ja manche Details entsprechend der unterdessen üblich gewordenen Aufführungstradition des Liedes dargestellt"[56], vermutet der Stille-Nacht-Forscher Wolfgang Herbst.

Wie auch immer, insgesamt gehen 66 lateinische und deutsche Mess- und Requiemvertonungen auf Gruber zurück, außerdem komponierte er zahlreiche Gradualien, Offertorien, Vespern, Litaneien und geistliche Lieder für den praktischen Gebrauch im örtlichen Gottesdienst.[57] Alle diese Werke waren ihm wichtiger als „Stille Nacht". Alle sind sie heute so gut wie vergessen. Nur dieses eine Lied hat ihm seinen Platz in der Geschichte der Musik gesichert – und von dem wollte er kaum mehr etwas wissen. Die Verbreitung des Liedes noch zu seinen Lebzeiten und der Erfolg spätestens seit 1831 sind vollkommen an ihm vorbeigelaufen. Er hat die Popularität seiner Schöpfung weder gesteuert, noch hat er von ihr profitiert. Ein geschäftstüchtigerer Komponist als Gruber hätte aus dem genialen Wurf ein Millionenvermögen machen können.

Exkurs: Die Entstehung des bürgerlichen Weihnachtsfestes

Die bürgerliche Welt sah sich von Anfang an im „Stille Nacht"-Lied gespiegelt: ihre Kindheitserinnerungen, ihre Sehnsüchte und ihr Wunsch nach Festlichkeit, Erhebung und Geborgenheit in der Familie fanden in diesem Lied ihren Ausdruck. Das Bürgertum mit seinem Standesbewusstsein entwickelte eigene Formen der Festlichkeit und der Innerlichkeit. Gerade das Weihnachtsfest war dazu angetan, diesem Bewusstsein Ausdruck zu verleihen. Die Idyllisierung des Familienbildes, der Rückzug ins Private und die Abschottung von der Welt spielten dabei eine herausragende Rolle. Die napoleonischen Kriege, der Polizeistaat in Österreich unter Metternich, die Restauration in Deutschland und die heraufziehenden Wirren der Revolution von 1848 in Deutschland und Österreich, all das führte zu einer Konzentration aufs Private. Weihnachten „war zu einem Ereignis geworden, von dem man erwartete, dass es alle Gegensätze ausgleicht oder die Konflikte zwischen den Menschen wenigstens für ein paar Tage gnädig zudeckt. Die blässlichen Farben weihnachtlicher Glückwunschkarten um 1900 signalisieren diesen Wunsch nach Harmonie und nach einem Fest ohne Aggressionen und voller Familiensinn,"[58] schreibt der Stille-Nacht-Forscher Wolfgang Herbst.

Der Erfolg von „Stille Nacht" ist daher nicht zu denken ohne die Herausbildung des bürgerlichen Weihnachtsfestes in der Zeit des Biedermeier, also zwischen 1815 und 1848. Dazu lieferte das Lied den weihnachtlichen Sound. Es prägte das „Fest der Liebe" in seiner idealisierten Gestalt ebenso mit wie Weihnachtsbaum und

Glaskugeln, Lebkuchen und Plätzchen. Weihnachten ist eines der weitverzweigtesten Phänomene der westlichen Kultur. Es enthält grundlegend religiöse Inhalte ebenso wie Jahreswend-Bräuche mit ihrem Aberglauben, zeit- und gesellschaftsspezifische Sitten und Gebräuche, formatierte Riten und weit ausgreifende psychische und soziale Aspekte, die sich in Sehnsüchten und Wünschen und im Verhalten von Menschen ausdrücken. Kaum ein Phänomen ist seit Hunderten von Jahren für die von Europa ausgehende Kultur so prägend wie eben dieses Weihnachtsfest. In diesem Umfeld, und nur in diesem Umfeld und im Zusammenspiel mit seinen vielfältigen Faktoren, konnten die simple Melodie und der einfache Text eines Liedes derart tief greifen und dem Phänomen selbst seinen Stempel aufdrücken. Wir wollen daher einen Blick auf die Entstehung des Weihnachtsfestes werfen, um den Erfolg von „Stille Nacht“ in diesem Kontext besser verstehen zu können.

Warum feiern wir Weihnachten eigentlich – mit dem vorgeschalteten Heiligen Abend – am 25. Dezember? Die Evangelien überliefern doch gar kein Datum für die Geburt Jesu. Der Evangelist Lukas gibt mit seinem Verweis auf die Hirten, die in der heiligen Nacht bei ihren Tieren waren, lediglich einen ganz groben Hinweis darauf, wann die Geburt gerade nicht stattgefunden haben kann: in Judäa waren und sind die Hirten nur von April bis November auf den Feldern, nicht aber im Winter. Wenn sich die Geburt also in ihrer Nähe abgespielt haben soll, dann kommt ausgerechnet die Zeit, in der wir Weihnachten feiern – der Dezember – nicht in Frage. Die ersten Spekulationen in der Ur-Zeit des Christentums gingen daher auch von einem Datum im Frühling aus, aber sicher ist nur, dass keiner der Autoren einen echten Anhaltspunkt für dieses oder jenes Geburtsdatum hatte, für das er eintrat. Der jungen Kirche war es obendrein egal, weil die Geburt theologisch gesehen heilsgeschichtlich nur von untergeordneter Bedeutung ist.

Das wichtigste Fest der Christenheit war (und ist es heute auch noch, nur wird es von den meisten Menschen nicht mehr so wahrgenommen) nicht Weihnachten, sondern Ostern. An Ostern ist Jesus auferstanden – darauf kommt es Christen an! Die Berechnung des Osterfestes stand daher auch sehr schnell fest: am Sonntag nach dem ersten Frühlingsvollmond feiert die Christenheit die Auferstehung des Gottessohnes. Und das kann mal früher, mal später im Jahresverlauf sein. Nebenbei bemerkt müsste konsequenterweise das Kirchenjahr eigentlich von diesen zentralen Ereignissen im Christusgeschehen aus berechnet werden und damit zu Ostern beginnen und nicht, wie es der Fall ist, am 1. Advent.

Die ersten Christen begingen das Passahfest als Erinnerung an Christi Abendmahl. Eher als die Geburt wurde Jahrhunderte lang die Taufe Jesu gefeiert, und zwar am 6. Januar. Dieses Fest geht auf den Gnostiker Basilides aus Alexandria zurück, der die Ansicht vertrat, dass der göttliche Christus erst bei der Taufe Jesu erschienen ist. Erscheinung heißt auf Griechisch Epiphania, daher der Name dieses Festes als „Erscheinung". Obwohl Basilides und seine Schüler als Häretiker galten, nahm die Kirche dennoch deren Taufgedenken in den offiziellen Festkalender auf – allerdings nicht deren Glauben, dass die christliche Heilsgeschichte erst mit der Taufe Jesu beginne. Wer nach der Taufe fragt, muss zwangsläufig auch nach der Geburt Jesu fragen – und so erst trat das Weihnachtsfest in die Geschichte. Logischerweise musste es vor dem 6. Januar liegen.

So kam es, dass die Geburt fürs erste auf die Nacht vom 5. auf den 6. Januar datiert wurde, um die Taufe wie gehabt am 6. Januar feiern zu können. Geburt und Taufe wurden quasi „ineinandergeschaut“[59] und in der gemeinsamen Perspektive der Erscheinung gesehen. Das Geburtsfest am 25. Dezember ist dagegen erstmals für das Jahr 336 in Rom bezeugt[60] und dürfte wohl schon unter Kaiser Konstantin dem Großen an diesem Tag gefeiert worden sein. Gut möglich, dass der zum Christentum übergetretene Kaiser das heidnische Sonnenwendfest sol invictus (unbesiegbare Sonne) – das Hauptfest des vorderasiatischen Kults um den Sonnengott Mithras fiel auf den 25. Dezember – mit der Geburt Jesu verbinden wollte. Religionspolitisch wäre das ein geschickter Schachzug gewesen, um die Heiden in die neue christliche Staatsreligion einzubinden. Das Sonnenfest des Mithraskultes forderte es geradezu heraus, es umzuinterpretieren ins Fest für das Licht, das der Gottessohn in die Welt gebracht hat. Konstantin hatte bereits den Sonntag als wöchentlichen Ruhetag eingeführt, an dem zuvor der heidnische Sonnengott verehrt worden war. Im Mittelmeerraum fluteten Religionen und Kulturen ineinander, und das Christentum war noch nie zimperlich mit der Inkulturation heidnischer Bräuche gewesen. Dass es diese fremden Traditionen nonchalant usurpierte und uminterpretierte, trug gewiss auch zu seinem globalen Erfolg über 2000 Jahre bei.

Weil die römisch-katholische Kirche auf dem Konzil von Nicäa im Jahr 325 die Wesensgleichheit Christi von Gott und Mensch festgelegt hatte, diese also von Geburt an galt, wurde der Geburtstag des Gottessohnes bald wichtiger als sein Tauftag. Die Feier der Geburt Jesu am 25. Dezember und damit der Beginn des Erlösungswerkes verbreitete sich gegen Ende des 4. Jahrhunderts von Rom aus in weite Teile der damaligen christlichen Welt. Die gesamten westlichen Provinzen des Römischen Reiches und alle seine Nachfolgestaaten begehen seitdem Weihnachten im Dezember.

Im Osten konnte sich dieses Datum jedoch nur vereinzelt durchsetzen. Am 6. Januar als Datum des Weihnachtsfestes halten noch heute die meisten orthodoxen Kirchen, die äthiopische, die koptische und einige andere fest. Die armenische Kirche feiert gar erst am 18./19. Januar. Am Ende ist es egal, an welchem Tag Christen Weihnachten begehen. Entscheidend ist, dass sich das Fest aus dem theologischen Nachdenken über die Menschwerdung Christi erklärt und dass heidnische Vorläufer in das christliche Heilsgeschehen erfolgreich integriert wurden.

Dieser Vorgang findet seine Parallele in der Geschichte des Weihnachtsbaumes als dem Symbol des Festes. Auch der Baum als ein Symbol des Lebens reicht weit in die heidnische Zeit zurück, als Bäume in mesopotamischen und indischen Kulturen, aber auch bei Griechen, Germanen, Kelten und Slawen verehrt wurden. Das Christentum übernahm diese Praktiken und überwölbte sie mit seinem Heilsgeschehen. Der Weihnachtsbaum stellte hier zunächst den Baum des Paradieses und seine Versuchung dar. Er ist aber auch zugleich Symbol der Sühne der menschlichen Sünde durch Christus als dem Baum des Lebens.

Schon im 4. Jahrhundert wurden zur Feier des Weihnachtsfestes die Häuser mit Kränzen und Zweigen geschmückt. Buchsbaum, Wacholder und andere Gewächse wurden durch ihr bleibendes Grün als versinnbildlichte Unsterblichkeit verstanden. Während mitten im Winter die Natur wie tot war, zeigten diese Pflanzen Leben und verwiesen damit auf Jesus Christus. Im 16. Jahrhundert setzte sich – ausgehend vom Elsass – die Tanne als Weihnachtsbaum durch, die zur Weihnachtszeit in Zunft- und Wohnstuben aufgestellt wurde.

Durch das Auftreten von Jesus Christus in der Geschichte gilt Christen die Sünde des Menschen als gesühnt. Die Ur-Sünde hatten Adam und Eva begangen, als sie die Frucht vom Baum der Erkenntnis aßen. Der Tannenbaum zu Weihnachten symbolisiert somit die Rückkehr zum paradiesischen Zustand, den Christus bewirkt. In diesem Zusammenhang steht auch unser Weihnachtsgebäck, das auf die Hostien zurückgeht, mit denen der Weihnachtsbaum neben Äpfeln als Zeichen der Erlösung ursprünglich geschmückt wurde. Später kamen die Kerzen hinzu, die – man ahnt es – als Vertreter der Lichtsymbolik diesen Baum des Lebens nochmals aufwerteten.

Vom ersten lichtergeschmückten Weihnachtsbaum im Jahr 1662 in Hannover wird von der pfälzischen Prinzessin Liselotte berichtet, der späteren Herzogin von Orléans.[61] Im 18. Jahrhundert hatte sich der geschmückte und kerzenerleuchtete Tannenbaum dann in weiten Teilen Mitteleuropas durchgesetzt. Schriftsteller wie Goethe und Schiller berichten davon. Der Christbaum wurde als Statussymbol der Familie im wichtigsten Raum der Wohnung beziehungsweise des Hauses aufgestellt, im Wohnzimmer. Nicht überall verbreitete sich der Weihnachtsbaum gleich schnell. Der Siegeszug ist eng mit dem Ausbau des Eisenbahnnetzes verbunden, über das der Weihnachtsbaum nach und nach in alle Landesteile gelangen konnte.

Bis er nach Salzburg kam, dauerte es eine ganze Zeit. Erst 1826 wurde er im Haus eines Zugereisten bestaunt. [62] Die Tiroler entdeckten den Tannenbaum zur Weihnachtszeit gar erst in den 1930er Jahren für sich. In der Lausitz existierten nebenher auch noch Holzchristbäume mit Querhölzern an einer Mittelspindel als Ausdruck der Holzhandwerkstradition der Region. Im 19. Jahrhundert begannen erstmals Glaskugeln aus thüringischen Glasbläserwerkstätten die Äpfel am Baum zu ersetzen; der Baumschmuck wurde immer reichhaltiger und edler.

Während der Christbaum also zum weihnachtlichen Inventar von katholischen und protestantischen Wohnungen gehörte, steht die Krippe doch eher in einer katholischen Tradition. „Erfunden" wurde sie vom heiligen Franz von Assisi, der 1223 mitten im Wald von Greccio in Mittelitalien eine mit Heu gefüllte Krippe und daneben echten Ochs und Esel aufstellte und vor diesem lebenden Bild seiner Gemeinde zu Weihnachten predigte. Aber auch schon früher hatte es bildliche Darstellungen des Geburtsgeschehens gegeben. Die ersten wurden im 3. Jahrhundert in den Kirchen Santa Liberiana und Santa Maria Maggiore in Rom aufgestellt. In Deutschland tauchten die ersten Krippen mehr als hundert Jahre später auf, und auch dann vorerst nur in Klöstern.

Erst mit der Gegenreformation, als die Jesuiten die Krippen aus Italien nach Mitteleuropa brachten, um anhand der Figuren Katechese zu betreiben, begann die Popularität der Krippen auch in unseren Breiten. Insbesondere die katholischen Barockfürsten waren entzückt von Krippen und ließen prachtvolle Exemplare für ihre Schlösser herstellen. Die neapolitanische Krippe König Karls IV. (1748-1819) galt lange Zeit als vielfach kopierter Inbegriff einer Krippe.[63] In den bürgerlichen Wohnstuben der deutschen Länder wurde die Krippe spätestens um die Wende vom 18. auf das 19. Jahrhundert heimisch, dann allerdings auch in den protestantischen Gegenden Nord- und Mitteldeutschlands. Bayern, Tirol und das Erzgebirge wurden zu Hochburgen des Krippenfiguren-Schnitzens. In den aufkommenden Bilderbögen des 19. Jahrhunderts fanden sich preisgünstige Krippen zum Ausschneiden auch für den schmalen Geldbeutel des Kleinbürgertums und der Arbeiterschaft.

1170 findet sich das Wort „Weihnachten" erstmals literarisch bestätigt. In Mitteldeutschland wurde es im 13. Jahrhundert gebräuchlich.[64] Dass zu Weihnachten musiziert wird und Lieder gesungen werden, reicht weit zurück. Seit dem 3. Jahrhundert sind für Weihnachten spezielle Hymnen und Responsorien nachgewiesen. Lieder, die das Weihnachtsgeschehen beschreiben, sind auch aus dem Mittelalter überliefert, allerdings vornehmlich noch in Latein.[65] Einfache Lieder, Motetten, Kantaten, Konzerte, Pastoralmessen wurden im Laufe der Zeit aus Anlass des Weihnachtsfestes komponiert. Das so genannte Moosburger Graduale von 1360 enthält eine Sammlung mit rund 40 Weihnachts-Cantionen. Eines der ältesten Weihnachtslieder, „Resonet in laudibus" gab es um 1380 allerdings auch schon in einer deutschsprachigen Version.

In den meisten Haushalten wurde jahrhundertelang zu Weihnachten vor allem gebetet und gesungen. Mit Martin Luther zog die deutsche Sprache ins Weihnachtsfest ein. Sein bekanntestes, vermutlich 1535 für die Bescherung seiner eigenen Kinder entstandenes Lied „Vom Himmel hoch, da komm ich her" ist bis heute einer der Höhepunkte der evangelischen Weihnachtsliturgie. Seit der Reformation gehört das Singen von Weihnachtsliedern im Familienkreis zu den Standard-Ritualen. Überhaupt war es der Protestantismus, der aus Weihnachten das Haus- und Kinderfest mit einer Geschenkfeier gemacht hat, wie wir es heute kennen und wie es im städtisch-bürgerlichen Umfeld des 19. Jahrhunderts ein ideales Biotop fand.

Schon seit dem frühen 18. Jahrhundert begann das aufstrebende Bürgertum es dem Adel gleichzutun und seine Kinder musikalisch auszubilden. Im 19. Jahrhundert entstanden bekannte Weihnachtslieder wie „Ihr Kinderlein kommet", „O du fröhliche" (das fast zeitgleich wie „Stille Nacht" komponiert wurde, nämlich vermutlich 1815) und „Süßer die Glocken nie klingen", die bereits im Herbst von den höheren Töchtern mit ihren Klavierlehrern eingeübt und dann an den Weihnachtstagen vor dem brennenden Tannenbaum unter Braten- und Plätzchenduft von Klein und Groß gesungen wurden. Dabei ging es weniger um musikalischen Glaubensausdruck als um die Beschwörung von Liebe und Frieden innerhalb der Hausgemeinschaft, ja der ganzen Nation. Die im 19. Jahrhundert aufgekommenen Weihnachtslieder entfernten sich immer mehr vom religiösen Inhalt und gaben stattdessen gemütvollen Stimmungen Ausdruck, für die vor allem das Bürgertum empfänglich war. „Eine zunehmend stabilisierte, deutsch-nationale Gesellschaft repräsentierte sich zu Ende des Jahrhunderts auch im Weihnachtslied"[66], merkt die Volkskundlerin Ingeborg Weber-Kellermann an.

Das Entzünden der Kerzen am Tannenbaum war gemeinhin der Auftakt des festlichen Teils von Weihnachten. Die Kleinfamilie des Biedermeier zog sich ins Private zurück, schloss sich im intimen Kreis von Vater, Mutter, Kindern (vielleicht noch Großeltern) von der Außenwelt ab. So ist es in vielen Familien bis heute geblieben. Kennzeichen des Weihnachtsfestes waren und sind neben den Liedern der Kirchgang, die Arbeitsruhe und ein vom Alltag abweichendes besseres Essen sowie gegenseitige Geschenke. Zur Zeit von Joseph Mohr und Franz Xaver Gruber begann die Arbeitsruhe am Heiligen Abend in der Mittagszeit, es gab bis zur Christmette Fastenspeisen und es wurde geplaudert und sich in Geselligkeit geübt.

Im Milieu des biedermeierlichen Bürgertums mit seinem künstlerischen Ideal und seinem Bildungsanspruch hatte „Stille Nacht" den Nährboden gefunden, auf dem es zum populärsten aller Weihnachtslieder heranreifen konnte – zum ersten Welthit der Musikgeschichte. Dazu beigetragen hat die Innerlichkeit der aus der protestantischen Tradition kommenden Familienweihnacht. Die ersten Vorboten der Industrialisierung ermöglichten die massenhafte Verbreitung von Klavier und gedruckten Noten, was das Musizieren im Familienkreis ermöglichte. Die Auswanderungs- und Missionierungswellen schließlich sorgten für die globale Verbreitung des Liedes.

Zwei Lebenswege, eine Männerfreundschaft: Joseph Mohr und Franz Xaver Gruber

Dem Textdichter von „Stille Nacht“ war es nicht in die Wiege gelegt worden, dereinst als gebildeter und den Menschen verbundener Geistlicher zu wirken. Joseph Mohrs Herkunft konnte für jene Zeit nicht niedriger sein. Er war das dritte uneheliche Kind einer bettelarmen und geächteten Frau.

Mohr wurde am 11. Dezember 1792 um 12 Uhr in Salzburg im Bereich der Dompfarrei geboren. Wo genau, ist heute nicht mehr bekannt. Schon wenige Stunden später, nämlich um 16 Uhr, wurde er im Salzburger Dom getauft. Seine Mutter, die Strickerin Anna Schoiber (1758–1827), war die Tochter eines Salzamtsschreibers aus Hallein und stammte damit eigentlich aus einer kleinbürgerlichen, finanziell ausreichend ausgestatteten Familie. Dass sie später in bittere Armut abstürzte, erklärt sich aus dem frühen Tod des Vaters und den Wirren der Zeit. Der Vater des kleinen Joseph war der aus Mariapfarr im Lungau stammende desertierte Unteroffizier Joseph (Franz) Mohr, seit dem 21. Juni 1792 aus den Diensten des Fürsterzbischofs fahnenflüchtig. Er hatte noch vor der Geburt seines Sohnes Salzburg verlassen. Die Eltern des kleinen Joseph waren nicht verheiratet. Wie üblich, bekam der Sohn den Vornamen des Vaters.

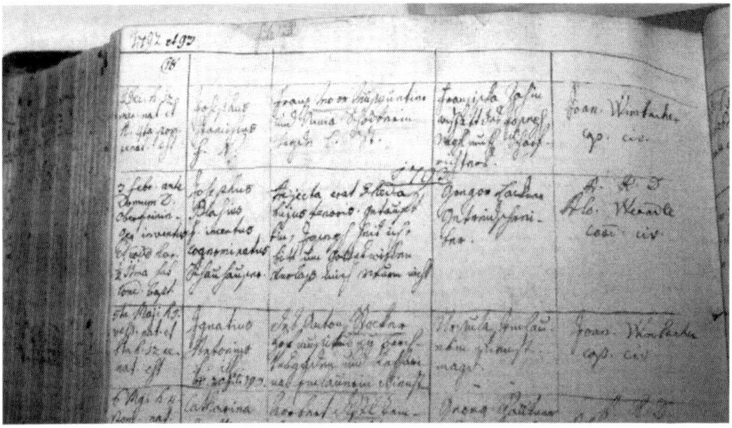

Eintrag der Taufe 1792 des "Josephus Franciscus" Mohr im Taufbuch der Dompfarre, erste Zeile

Er wuchs im so genannten Nöstlerhaus Nr. 416 in der dunklen Steingasse 31 am Fuß des Kapuzinerberges auf, was wir aus einer Volkszählung des Jahres 1794 wissen. Das Haus gehörte dem Sattler Joseph Gruntner (Sattler ist ein anderer Begriff für Nöstler, daher Nöstlerhaus). Die Gedenktafel am Haus Steingasse 9 hängt falsch; in diesem Haus ist Mohr weder zur Welt gekommen noch aufgewachsen[67].

Seine Mutter lebte in prekären Verhältnissen, verdiente sich ihren und ihrer Kinder Lebensunterhalt als Strickerin. Seinen Vater hat Joseph Mohr wahrscheinlich nie kennen gelernt, und seine Kindheit hatte nichts mit der Familienidylle zu tun, die er später in der ersten Strophe von „Stille Nacht“ besang. Der Stille-Nacht-Forscher Karl Weinmann schrieb 1918 allzu blumig: „Treue Vatersorge und zarte Mutterliebe umwoben den Lebensmorgen des kleinen ‚Sepperl' mit jenem natürlichen und ungekünstelten Glanze, wie er nun einmal über den goldenen Jugendtagen von Kindern aus bescheidenen Familien ausgegossen liegt.“[68] Was für ein romantisierender Unsinn! Aber offensichtlich war es vor hundert Jahren, als Weinmann seine

Geschichte von „Stille Nacht" veröffentlichte, schlechterdings nicht denkbar, dass ein Mensch, der als junger Mann ein Gemütslied wie „Stille Nacht" erschafft, in Elend hineingeboren wird. Oder man wollte es nicht wahrhaben. Die Verklärung der Herkunft und Kindheit von Joseph Mohr zu „Glanz" und „golden" ist ein wichtiger Teil der Legendenbildung um „Stille Nacht". Umso wichtiger ist es, hier nicht über die Fallstricke einer falschen Überlieferung zu stolpern.

Alle vier Kinder Annas stammen von verschiedenen Vätern. Das erste Kind starb früh. Joseph Mohr hatte eine Halbschwester, Klara, und einen Halbbruder, Cajetanus Vitalis. Weil die bettelarme Anna mit keinem der Väter ihrer Kinder verheiratet war, musste sie in einem demütigenden „Fornikationsprotokoll" (lat. fornicatio = Hurerei) ihre vier „Verbrechen" gestehen und dafür zusätzlich zu ihrer Armut auch noch finanziell büßen. Die Strickarbeiten, die Anna beim Strumpfwirker Laubacher in der Pfeiffergasse 9 verkaufte, reichten nicht für den Lebensunterhalt. Sie bekam daher wöchentlich 30 Kreuzer Armenunterstützung – davon konnte sie einen Laib Brot, ein Pfund Schweinefleisch und ein Pfund Schmalz oder Butter kaufen.[69] Von ihrem jämmerlichen Einkommen musste sie die Strafe für das „Verbrechen" ihrer unehelichen Kinder abstottern.

Trotz der Armut seiner Mutter und trotz des Fehlens des Vaters wuchs der Knabe in erstaunlich geordneten Verhältnissen auf, die nicht jedem Kind seiner Zeit und seines sozialen Umfeldes vergönnt waren. Joseph Mohrs Kindheit war zwar von Armut, Entbehrungen aller Art, räumlicher Enge im Salzburger Elendsquartier und Vaterlosigkeit, andererseits aber auch von großer mütterlicher Zuneigung geprägt. Er wuchs in einer Familie „mit den damals üblichen familiären Bindungen auf: Es wurde für ihn gesorgt, so gut es eben die finanziellen Verhältnisse erlaubten"[70]. Die Leistung seiner Mutter verdient in diesem Zusammenhang größten Respekt.

Des kleinen Joseph nahm sich ausgerechnet der letzte öffentlich tätige Scharfrichter von Salzburg, Franz Joseph Wohlmuth (1739–1823), als Taufpate an. Er ist dadurch bekannt geworden, dass er alle 92 Folterungen und Hinrichtungen seiner Amtszeit in einem Tagebuch protokolliert hat. Dieses „Executions Einschreib Buch" mit insgesamt 226 Notizen ist eine der wenigen erhaltenen Henkersaufzeichnungen und damit geschichtlich von großem Interesse. Unter Wohlmuths Opfern war auch sein eigener Firmpate. Der Mann war nicht zimperlich.

Wohlmuth, der bis 1790 im Freudenhaus in der Herrengasse 30 wohnte und dann ins heute noch erhaltene historisch bedeutsame Scharfrichterhaus in der Neukommgasse umzog, war zugleich Abdecker und damit für die Beseitigung von Tierkadavern und von Leichnamen von Selbstmördern zuständig. Er ließ sich bei der Taufe von Joseph Mohr durch seine Dienstmagd Franziska Zach vertreten, weil er an jenem Nachmittag als Abdecker zu tun hatte.[71] Als Henker gehörte Wohlmuth – obwohl er einen anerkannten Lehrberuf ausübte – zu den gebrandmarkten Gestalten des Gemeinwesens, man wollte mit ihm möglichst wenig zu tun haben, auch wenn man seine Arbeit für unentbehrlich hielt. Sie wurde indes gut bezahlt, und so hatte es Wohlmuth ebenso wie seine Standesgenossen andernorts zu einem gewissen Wohlstand gebracht. Den nutzte er dazu, um mit großzügigen Gesten wie der Übernahme von Patenschaften für uneheliche Kinder seine gesellschaftlich schlecht beleumundete Position aufzupolieren.

Als Engel der frühen Jahre von Joseph Mohr tauchte der Salzburger Domchorvikar Johann Nepomuk Hiernle (1765–1850) auf, der die Begabungen des Jungen erkannte und ihm den ansonsten für ein Kind seines Standes angesichts der hohen Kosten unmöglichen Besuch des mit der Universität verbundenen Akademischen Gymnasiums ermöglichte. Damit wurde Joseph Mohr der soziale Aufstieg eröffnet. Mehr noch: Er hatte einen Ersatzvater gefunden, dem er vertrauen konnte – und den er nicht enttäuschte. „Jemanden zu haben, der einem etwas zutraut, gibt die Chance für ein starkes Selbstvertrauen. Das Grundgefühl anerkannt zu sein, fördert die Identifikationsbereitschaft des Kindes und trägt nach den Verletzungen durch die Vaterentbehrung zu seiner schwierigen Identitätsbildung bei."[72]

Es war in jener Zeit nicht ungewöhnlich, dass ein älterer Geistlicher und väterlicher Freund einem Heranwachsenden aus ärmlichen Verhältnissen den Weg in den Priesterberuf wies. Der aus Landshut stammende Hiernle war ein belesener und charismatischer Mann, der vielfältige Interessen pflegte. Unter anderem betrieb er Bienenzucht, die er als Mitglied des Landwirtschaftlichen Vereins in Salzburg förderte.[73] Ein Mentor mit einem solch weiten Horizont war ein Geschenk für den aufgeweckten und wissbegierigen Joseph Mohr.

Einen zweiten Förderer fand Mohr in dem ebenfalls aus Bayern stammenden Leiter des Lyzeums Ignaz Thanner (1770–1856), der selbst musikalisch hochbegabt war und bei Michael Haydn Unterricht genommen hatte. Auch der Benediktiner-Pater Meingosus Gaelle (1752-1816), ein weithin anerkannter Musiker und Komponist, nahm sich des Jungen an. Bessere Lehrer hätte der Heranwachsende nicht finden können. Es sind die glücklichen Umstände der Begegnung mit diesen Männern, die ihn prägten.

Mohrs Geburt fiel in das 20. Amtsjahr von Fürsterzbischof Hieronymus von Colloredo. Dass ein aufgeklärter Kirchenfürst das Land regierte, war ein weiterer Glücksfall. Colloredo hatte das Schulwesen ausgebaut und die Ausbildung von Priestern reformiert. Begabte Jungen wurden früh gefördert. Der kleine Joseph war nicht nur intelligent und lernte schnell, sondern es stellte sich bald auch eine künstlerische Begabung bei ihm heraus. Wegen seiner Musikalität und seiner schönen Stimme sang er seit dem 15. Lebensjahr in den Chören der Universität und des Stifts St. Peter und spielte auch Violine.

Mohr bekam in den vom Erzbischof Colloredo reformierten Schulen eine gute Allgemeinbildung vermittelt. Mehr noch: Das System war so prägend für ihn, dass ihm an seinen späteren Wirkungsstätten als Priester das Thema Jugendbildung ganz besonders am Herzen lag, wie die erhaltenen Zeugnisse seiner Vorgesetzten vielfach bestätigten.[74] Dieses Engagement Mohrs (und vieler anderer Salzburger Priester seiner Generation) für die Schule überdauerte den Zusammenbruch des weltlichen Territoriums Salzburg, den Weggang des Erzbischofs nach Wien und den Tod seines Initiators, und insofern hatte Colloredo ein zukunftsweisendes Erbe hinterlassen.

In seiner letzten Wirkungsstätte Wagrain richtete Mohr innerhalb von nur fünf Monaten den modernsten Schulbau des Landes ein.[75] Womöglich war das Interesse am Bildungswesen auch der Grund für Mohrs Freundschaft mit Franz Xaver Gruber, dem Lehrer, in dem er einen Gleichgesinnten erkannte. Beide Männer einte neben persönlicher Sympathie füreinander das Engagement für eine bessere Erziehung der Kinder und Jugendlichen. Mohr wurde 1952, mehr als hundert Jahre nach seinem Tod, für seine Verdienste um das Schulwesen geehrt, als die Volksschule in seiner einstigen Gemeinde Wagrain nach ihm benannt wurde.

Von 1808 bis 1810 studierte Joseph Mohr Philosophie am Lyzeum des Stifts Kremsmünster, einer Eliteschule. Allerdings waren die Umstände trostlos: die Bibliotheken waren nach den Plünderungen durch napoleonische Truppen ausgeraubt, Kunstschätze gestohlen. In Salzburg war die Universität geschlossen, das öffentliche Leben lag darnieder. 1811 trat Mohr ins Salzburger Priesterseminar ein, wo die Studienverhältnisse noch halbwegs erträglich waren; er begann das Studium der Theologie. Voraussetzung dafür war allerdings, dass er sich den für unehelich geborene Kinder notwendigen Dispens zum Theologiestudium vom Erzbischof besorgte. Bemerkenswerterweise wurde diese notwendige kirchliche Bestätigung „Irregularität ex defectu“, also Mangel an Weihefähigkeit ohne eigene sittliche Verfehlung, erst 1983 (!) abgeschafft.[76] Mohr bestätigte in vollem Umfang das durch die Erlaubnis in ihn gesetzte Vertrauen; seine Studienleistungen waren durchweg hervorragend, er erwies sich nicht nur als überdurchschnittlich begabt und sehr fleißig, sondern auch im „sittlichen Betragen“ als „vorzüglich“.[77]

Im Hinblick auf „Stille Nacht“ ist noch ein Umstand bemerkenswert, der Mohr in seiner Priesterausbildung prägte: Fürsterzbischof Colloredo legte großen Wert auf die deutsche Sprache in der Kirchenmusik. Er förderte rigoros Deutsch als Träger der musikalischen Darbietungen, damit das Kirchenvolk auch verstehen möge, was gesungen und gesprochen wird.[78] In einem Hirtenbrief schrieb Colloredo: „Nebst der Bibel sind gute Kirchenlieder in der Muttersprache eines der fürtrefflichsten Mittel, den öffentlichen Gottesdienst erbaulich und zur Entwicklung religiöser Gefühle zu machen. (...) Alle sollen ohne Unterschied des Standes, Alters und Geschlechtes dabey mitsingen dürfen.“[79]

Das waren erstaunliche Worte für den Oberhirten in einer Kirche, in der seit Jahrhunderten die heilige Messe auf Latein zelebriert wurde – von der das einfache Volk aber buchstäblich kein Wort verstand, auch gar nicht verstehen sollte. Colloredo war seiner Zeit 180 Jahre voraus: erst in den 1960er Jahren machte das Zweite Vatikanische Konzil die jeweiligen Volkssprachen in der heiligen Messe möglich. In Salzburg hingegen war schon seit 1784 das Kirchengesangbuch „Der heilige Gesang zum Gottesdienste in der römisch-katholischen Kirche“[80] mit seinen Liedern in deutscher Sprache im Fürstlichen Erzstift vorgeschrieben.

Der Einfluss dieser liturgischen Entscheidungen Colloredos auf den Seminaristen und auf den späteren jungen Priester Joseph Mohr kann nicht hoch genug eingeschätzt werden. Auch wenn manche der

Reformen Colloredos nach der Säkularisation rückgängig gemacht wurden, so war Mohr doch mit den Ideen des fortschrittlichen Fürsterzbischofs aufgewachsen. Und gerade die frühe Beschäftigung mit Deutsch als Sprache des Gesangs in der Kirche mag Mohr dazu angeregt haben, später sein Weihnachtsgedicht „Stille Nacht“ eben nicht wie bislang üblich auf Latein abzufassen, sondern in der Volkssprache: auf Deutsch.

Für den Fürsterzbischof waren Priester die unmittelbar im Volk tätigen Vermittler seiner Ideen, und daher mussten sie besonders gut ausgebildet sein, sollten seine aufklärerischen Ideen Durchschlagskraft bekommen. Der Priester im Sinne Colloredos sollte nicht nur ein mitfühlender Seelsorger sein, „sondern auch ein Lehrer mit umfassendem Wissen in Psychologie, Gesundheitslehre und Diätetik, in Naturrecht, Naturlehre und Landwirtschaft“[81]. Colloredo erkannte, dass er Menschen seines Vertrauens dort einsetzen musste, wo dieser Priester neuen Typs geformt wurde – am Salzburger Priesterseminar. Insbesondere zwei dieser linientreuen Reformer prägten auch den jungen Joseph Mohr: der als „Salzburger Pestalozzi“ bekannte Laie Franz Michael Vierthaler im Fach Katechetik und Konsistorialrat Johannes Michael Bönike, Colloredos persönlicher Sekretär und engster Berater.

Am 21. August 1815 wurde Mohr von Weihbischof Karl Kajetan Graf von Gaisruck aus Passau, der drei Jahre später Erzbischof von Mailand werden sollte, zum Priester geweiht. Er hatte sein Studium bereits im Jahr zuvor als einer der Besten seines Jahrgangs abgeschlossen, mit gut 21 Jahren aber noch nicht das Mindestalter für die Priesterweihe erreicht.

Es begann für ihn eine Laufbahn im niederen Klerus nach den Normen seiner Zeit, in der sich Außergewöhnliches kaum ereignete. Hätte Mohr nicht den Text zu „Stille Nacht“ geschrieben, hätte die Nachwelt von ihm über seinen eigentlichen Wirkungskreis hinaus vermutlich nie erfahren. Sein sonstiges Werk blieb schmal, überliefert sind neben „Stille Nacht" lediglich eine Handvoll weiterer Texte, darunter eine Stundengebets-Predigt und ein Te Deum, und selbst diese sind nicht in jedem Fall eindeutig Mohr zuzuschreiben.[82] An der Musik zeigte er zeitlebens großes Interesse: Er war als guter Orgelspieler bekannt, und er engagierte sich als Mitglied des Dommusikvereins und des Mozarteums in Salzburg. „Stille Nacht" aber ragt wie ein „erratischer Block"[83] aus dem kleinen Werk Mohrs heraus.

Seine ersten Stellen als Hilfspriester bekam Mohr in Ramsau bei Berchtesgaden, wo sich der dortige Pfarrer ohne Erlaubnis entfernt hatte. Anschließend wirkte er im Südosten des Erzstifts Salzburg, in Mariapfarr im Lungau, der Heimat seines Vaters. Das Dorf Stranach, wo sein Vater geboren worden war, gehörte zur Gemeinde Mariapfarr. Es ist nicht ausgeschlossen, dass er sich selbst um die Stelle beworben hatte, um mit Anfang 20 seinen familiären Wurzeln nachzuspüren. In Stranach begegnete er dem 86 Jahre alten Großvater, der ebenfalls Joseph hieß. Als der Großvater kurz nach der ersten Begegnung in der Weihnachtszeit 1815 starb, nahm Joseph Mohr den Eintrag ins Kirchenbuch persönlich vor.[84]

Die Pfarrei Mariapfarr mit ihrer viel besuchten Wallfahrtskirche umfasste 27 Dörfer und 2076 Katholiken, die der leitende Pfarrer zusammen mit drei Hilfspriestern seelsorglich zu betreuen hatte. Hier erlebte Mohr 1816 das „Jahr ohne Sommer" mit den klimatischen Veränderungen nach dem Ausbruch des fernen Vulkans Tambora in Indonesien, dessen Aschewolke die ohnehin schon erbärmliche Lage der Landbevölkerung weiter verschlimmerte. Hier schrieb er 1816 das „Stille Nacht"-Gedicht.

Das Leben eines Priesters war damals alles andere als angenehm. Er teilte die Not seiner Gemeinde. Die Versorgung bestand aus einem dürftigen Gehalt, das um Naturalien ergänzt werden konnte. Es gab

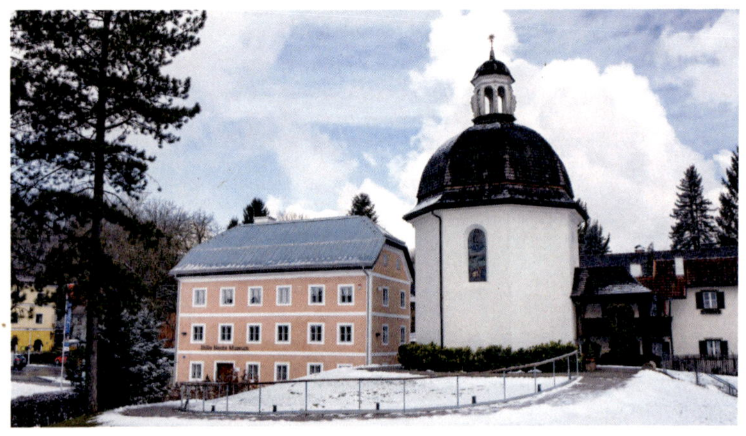

Stille-Nacht-Kapelle und der alte Pfarrhof in Oberndorf

in vielen Pfarreien eine kleine Landwirtschaft, die einzig und allein dem Unterhalt des Pfarrers diente. An manchen Pfarrhöfen sieht man noch heute einen Stall, in dem früher im Winter die wenigen Kühe des Pfarrers unterkamen.

Das Gebirgsklima in dem über 1100 Meter hoch gelegenen Wallfahrtsort tat Mohr nicht gut, denn er erkrankte bald an einem Lungenleiden, das ihn zeitlebens immer wieder quälte. Er begab sich zur Erholung nach Salzburg. Beim Pfarrer Joseph Kessler in Oberndorf an der Salzach mit seinen 2200 Seelen leistete er erst Aushilfsdienste und wurde schließlich am 19. Oktober 1817 nach seiner vorläufigen Genesung als Coadjutor angestellt, also als Pfarrgehilfe, der die Aufgaben eines Vertreters des Pfarrers bei dessen Verhinderung zu übernehmen hatte.

Auch in Oberndorf zeigte sich wie schon in Mariapfarr Mohrs sensibles Naturell, dem die Armut des Mesners Miller, neben dem er wohnte, zu Herzen ging und den er unterstützte, wo er konnte. Sein bescheidenes Gehalt erlaubte es ihm nicht, eine Haushälterin einzustellen. Im Mesnerhaus musste Mohr wohnen, weil es ein Pfarrhaus noch nicht gab. Die Kirchengemeinde war ja erst kurz zuvor durch die Teilung der Stadt Laufen selbstständig geworden.

Mit seinem neuen Vorgesetzten, dem griesgrämigen und verbitterten Pfarrer Georg Heinrich Joseph Nöstler, verstand sich der junge Geistliche überhaupt nicht. Kurz nach Mohrs Ankunft löste Nöstler Pfarrer Joseph Kessler ab und zog standesgemäß in ein Haus neben der Wallfahrtskirche Maria Bühel im Nordwesten Oberndorfs ein. Nöstler machte ihm das Leben schwer, wo er nur konnte: er hielt sein Gehalt zurück und schwärzte ihn beim Konsistorium in Salzburg an, weil ihm, dem strengen Anwalt von Sitte und Moral, Mohrs Lebenswandel nicht passte. Der tiefere Grund für die Gegnerschaft dürfte darin gelegen haben, dass Mohr ein „Colloradoner" gewesen war, also ein Priester, der mit den Idealen des aufgeklärten Fürsterzbischofs aufgewachsen war und diese umsetzen wollte, während Nöstler einer Priestergeneration davor angehörte, für die neue Ideen wie die deutsche Sprache in der Kirchenmusik Werke des Teufels waren. Hinzu kam sicherlich Neid auf den jungen Amtsbruder, der beste Schulzeugnisse und ein umfangreiches theologisches und kirchenrechtliches Wissen vorzuweisen hatte. Nöstler war zudem gesundheitlich angeschlagen. Das Salzburger Konsistorium erlaubte ihm, wegen seiner Koliken vor der Messe etwas Warmes zu trinken.[85] Er starb 1826 in seiner Pfarrei, erst 56-jährig.

Eine von Nöstlers Beschwerden über Mohr las sich so: „Dessen Wesen ist noch jugendlich, unbesonnen, hingebend. Purschenmäßig geht er mit der langen Tabakspfeife, den Beutel an der Seite über die Gassen, er spielt und trickt nächtlicherweile, er singet mitunter dann oft nicht erbauliche Lieder, er scherzt auch mit Personen des anderen Geschlechts, benimmt sich wenigstens nicht geistlich, und fährt mit Mädchen aus. Beim letztgroßen Wasser fuhr er gleich anderen

Schiffsbuben im Nachen herum. Das Studium und die Ausbildung zu seiner Seelsorge scheint er zu vernachlässigen und seiner Vorliebe für Musik und musikalische Unterhaltung alles zu opfern. (...) Auch wohnt ihm der Subordinationsgeist nicht bei."[86] Nöstler hatte mit seinen Anschuldigungen beim Konsistorium keine Chance – alle Beschwerden über seinen Coadjutor wurden zurückgewiesen. Als Mohr 1819 eine neue Dienststelle in Kuchl antrat, stellte ihm sein ehemaliger Dechant Perner ein ganz und gar vorzügliches Zeugnis aus: Darin bewertete Perner Mohrs wissenschaftliche Bildung, seinen Amtseifer und sein moralisches Betragen als ausgezeichnet.[87]

Mohr war einfach ein Priester, der nahe bei den Menschen war und der ein empfängliches Herz hatte. Er teilte das Leben der ihm anvertrauten Menschen und kümmerte sich auch, so gut es ging, materiell um sie. Großen Respekt erwarb er sich nicht nur wegen seines Mitgefühls, sondern auch wegen seiner Freigiebigkeit „bis zur Selbstentäußerung"[88]. Er war ein guter Prediger, fromm und gütig und voller Heiterkeit und scherzte gerne. Nöstler neidete ihm seinen unbeschwerten Umgang und seine ostentative Lebensfreude. Mohr prangerte Missstände an, aber er litt auch unter den Verhältnissen. Oft zog er sich in die Einsamkeit seiner Kammer zum Gebet zurück und ließ die Welt hinter sich. In idealer Weise flossen in seinem Charakter die Qualitäten eines guten Priesters zusammen: Güte, Herzlichkeit, Frohsinn, Religiosität, Wissen und eine zupackende Art, heute würde man sagen: Hands-on-Mentalität.

Nach den knapp zwei Jahren in Oberndorf folgten mehr oder weniger kurze Einsätze in Golling, Vigaun und anderen Pfarreien des Erzbistums. Mohr wurde für einen Priester ungewöhnlich oft versetzt, insgesamt 13 Mal innerhalb seiner 33 Jahre im Dienst der Kirche. Der Grund war vermutlich seine schwache körperliche Konstitution. Ein ärztliches Attest vom 17. August 1824 stellte eine Anlage zur Lungentuberkulose fest und empfahl ihn für wenig mühsame Posten.[89] Dem ärztlichen Befund standen seine vielfach gelobte kräftige Predigtstimme und sein wohlklingender Tenor beim Singen gegenüber. Wie auch immer, das Thema Schwindsucht war in jener Zeit nicht zu unterschätzen. Seine Mutter starb am 17. Juli 1827 an Lungen-Tbc.

Immerhin zehn Jahre lang wirkte er als Pfarrer in Hintersee im Salzkammergut, eine besonders arme Pfarrei, die von anderen Pfarreien unterstützt werden musste. Doch Mohr hat sich nie über seine bescheidenen Lebensumstände dort beklagt. Im Alter von 45 Jahren übernahm er am 4. März 1837 für die folgenden elf Jahre die Pfarrei im abgelegenen Wagrain im Pongau. Hintersee und Wagrain waren seine beiden längsten beruflichen Stationen. In Wagrain wurde, wie bereits erwähnt, auf seine Initiative hin das Schulhaus ausgebaut, auch dort führte er den deutschen Gesang im Gottesdienst ein.

Die Gemeinde war mit ihm zufrieden, aber er schien sich im Gegensatz zu Hintersee nicht wirklich wohl gefühlt zu haben im Pongau. Bitter klagte er: „Der Priester ist im Gebirge des Bauern Hund bey einer so versoffenen Diebs- und Lappen-Gemeinde.“[90] Wie einst Pfarrer Nöstler sich über ihn als Coadjutor beim Erzbischof beschwert hatte, so wetterte Mohr nun seinerseits über den jungen Hilfspriester Alois Klettenhammer in Wagrain: Unlust am Dienst, Drückebergerei und eitle Modesucht warf er ihm vor. Es knirschte überall, und Mohr hatte irgendwann die Nase voll. Nach sechs Jahren bewarb er sich 1843 um die Pfarrei Mauterndorf, die er aber nicht bekam. So ging die unerquickliche Zeit in seiner Pfarrei für ihn weiter.

Sein Unmut über die zunehmende Verwaltungstätigkeit als Priester mutet aus heutiger Sicht modern an. Das Konsistorium in Salzburg überhäufte ihn mit Fragebögen und mit administrativen Pflichten, an die er sich nicht gewöhnen mochte. Mohr musste beispielsweise akribisch den Verbrauch an Kerzen, Wein und Weihrauch auflisten. Als Vorstand des Pfarrarmeninstituts hatte er die Protokolle zu führen. Er schrieb Briefe an seine Vorgesetzten und an die Behörden, in denen er sich über mangelnde Finanzhilfen beklagte. Hinzu kamen die typischen Verwaltungstätigkeiten beim Führen der Kirchenbücher. Der Schulneubau führte zu einer eigenen umfangreichen Korrespondenz mit Behörden und Bauleuten. Mohr verstand sich als Seelsorger und kam mit solch notwendigen, aber lästigen Aufgaben schwer zurecht. Er blieb dennoch weiter gütig, verschenkte fast alles, was er hatte, lief in verwahrloster Kleidung herum. Seine Gemeindemitglieder bemerkten aber eine zunehmende Behäbigkeit, Nörgelei und Unduldsamkeit bei ihrem Pfarrer.[91] Aus dem einst lebenslustigen Geistlichen mit einer geradezu kindlichen Gemütsart war unter der Last seines Amtes ein gänzlich anderer geworden – ein erschreckendes Beispiel dafür, welchen Tribut der Beruf zuweilen von einem Menschen fordert. So nimmt es nicht wunder, dass Mohr nicht alt wurde.

Er starb am 4. Dezember 1848 in Wagrain im 55. Lebensjahr an einer Lungenentzündung, einen Monat nach Einweihung „seiner" Schule, für die er sich so eingesetzt hatte. Die vielen Ortswechsel, seine schlechte Gesundheit, der andauernde Geldmangel und die damit verbundenen Sorgen, seine harte Arbeit waren am Ende zu viel gewesen. Er starb verarmt, weil er sein ganzes Geld für die Mittellosen in seiner Gemeinde ausgegeben hatte. Ein paar geflickte Kleidungsstücke und zwei abgewetzte Talare, die Gitarre, Bücher, ein paar persönliche Gegenstände: mehr hinterließ er nicht. Kaum konnte das Begräbnis davon bezahlt werden. Ein Zeugnis vom 5. August 1843, aus seinen letzten Lebensjahren, schilderte ihn als „wahren Priester nach der Lehre des Herrn und Heilands, ein Muster und Vorbild des christlichen Lebens für seine Gemeinde, im geselligen Umgang ein biederer Menschenfreund, gegen die Armen ein milder helfender Vater"[92].

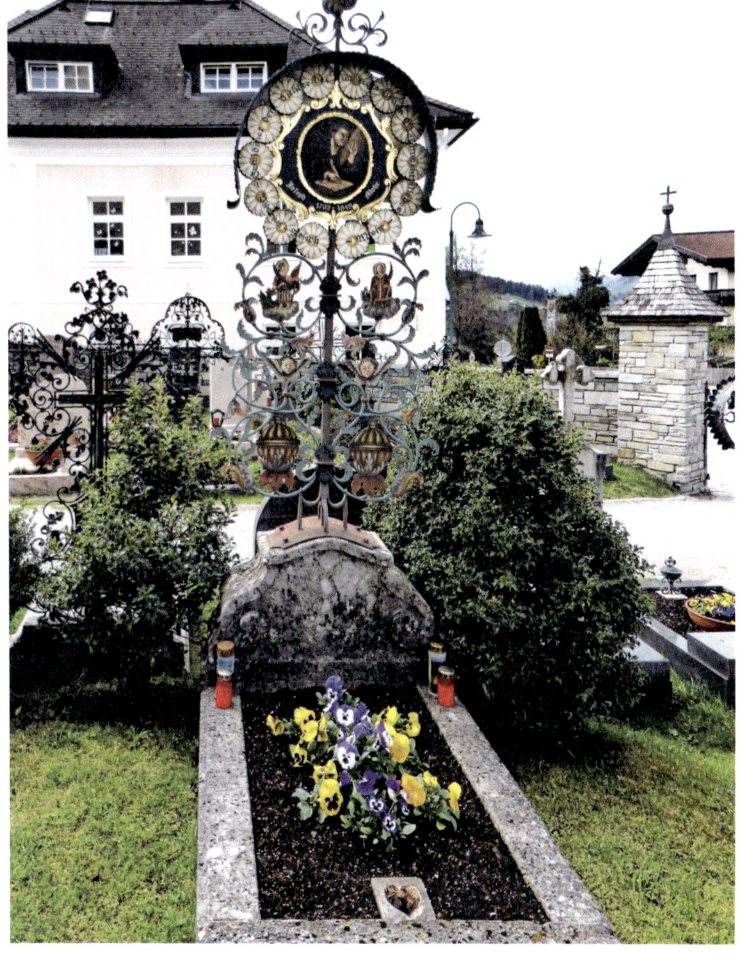

Mohrs Grab heute

Mohrs schlichtes Grab auf dem Wagrainer Friedhof trug ursprünglich eine hölzerne Einfassung und war mit einem einfachen Holzkreuz versehen. Nachdem es aufgelassen worden war, geriet es in Vergessenheit. Eine Schülerin Mohrs, Anna Weißacher, die als Mädchen dem Sarg des Pfarrers gefolgt war, erinnerte sich als betagte Frau wenige Jahre vor ihrem eigenen Tod an das Grab Mohrs, so dass es lokalisiert werden konnte. Am 10. September 1912 wurde es auf Betreiben des Pfarrers und Bildhauers Josef Mühlbacher geöffnet. Mühlbacher hatte von der Denkmalschutzverwaltung den

Auftrag bekommen, ein Denkmal für die „Stille Nacht"-Schöpfer zu entwerfen, das aber erst 1928 fertig wurde. Bei der Exhumierung fanden die Totengräber den Leichnam Mohrs mit der Priesterstola um den Schultern.[93]

Es spielte sich nun eine Groteske um Mohrs Schädel ab, der vom Skelett getrennt wurde und nach Wien gebracht werden sollte, wo Mühlbacher einen Bronzeabguss anfertigen wollte. Der Wagrainer Postbeamte weigerte sich jedoch, den Schädel per Post nach Wien zu schicken, und so nahm Mühlbacher ihn im privaten Gepäck mit nach Wien. Des ungewöhnlichen Vorgangs noch nicht genug, wurden Schädel und restliches Skelett nie wieder zusammengefügt, wie es die Pietät erfordert hätte. Oberndorf hatte Interesse an einer „Reliquie", und es gibt Hinweise darauf, dass der Schädel Mohrs in den Altar der 1937 neu errichteten „Stille Nacht"-Kapelle eingemauert wurde – ein höchst makabrer Vorgang, der heute weder in seinen Einzelheiten nachvollziehbar noch erklärbar ist. So ruht der Textdichter von „Stille Nacht" also geteilt in der Erde. Es bleibt darüber nur ein „offenes Staunen", wie die Mohr-Biografin Dietlinde Hlavac anmerkt.[94] Das Grab Mohrs auf dem Wagrainer Friedhof ziert heute ein schmiedeeisernes Kreuz und die Schrift „Gewidmet dem Dichter des unvergeßlichen Weihnachtsliedes Vikarius Josef Mohr".

Wie Joseph Mohr ausgesehen hat, wissen wir nicht. Im Gegensatz zu Franz Xaver Gruber, der sich malen und fotografieren ließ, existiert von Mohr kein einziges zeitgenössisches Porträt. Es war einfach nicht üblich, dass ein einfacher Landpfarrer, noch dazu fernab in den Bergen, sich malen ließ. Porträts blieben dem Adel und dem Bürgertum vorbehalten. Die Bildnisse Mohrs am Denkmal vor der Pfarrkirche in Oberndorf, an der Pfarrkirche in Hintersee und auf dem Grabkreuz auf dem Wagrainer Friedhof entspringen jedenfalls der Fantasie der jeweiligen Künstler.

Zu seinem 100. Todestag am 6. Dezember 1948 gab es in Wagrain einen Festakt, an dem die Bevölkerung regen Anteil nahm, zu dem auch Regierungsvertreter aus Wien und aus München angereist waren. Die Messe wurde gefeiert vom Salzburger Erzbischof Andreas Rohracher. Österreich wusste, was es am „Stille Nacht"Dichter hatte. Joseph Mohr gehört heute zu den bedeutendsten Gestalten der österreichischen Geschichte.

Auch Franz Xaver Gruber stammte aus ärmlichen Verhältnissen. Er wurde am 25. November 1787 in der Steinpoltsölde, Unterweitzberg 9, in Hochburg in Oberösterreich, unweit vom bayerischen Burghausen, geboren. Das Haus steht heute nicht mehr. Der Begriff „Sölde" bezeichnet in Bayern und Österreich den Hof eines „Söldners" – nicht eines Soldaten, sondern eines Kleinbauern, der sich zusätzlichen „Sold" hinzuverdienen musste, um zu überleben. Franz Xaver Gruber war das fünfte von sechs Kindern.

Die Grubers sind seit 1731 in Hochburg nachweisbar.[95] Seine Eltern Joseph und Anna, geb. Danner, waren beide Leinweber, wie schon der Großvater Georg Gruber. Auch Franz Xaver erlernte den Beruf des Vaters und übte ihn mehrere Jahre aus. Im Salzburgischen waren Leineweber im 18. Jahrhundert ebenso weit verbreitet wie arm. Neben ihrer eigentlichen Tätigkeit fiel ihnen die unangenehme Aufgabe zu, den Galgen zu bauen. Man konnte sich von dieser Pflicht allerdings freikaufen, die entsprechende Summe wurde „Galgenkapital" genannt.

Schon früh zeigte Franz Xaver Gruber musikalisches Talent. Er soll bereits mit 12 Jahren den Organisten bei der Sonntagsmesse vertreten haben. Der Lehrer des Ortes, Andreas Peterlechner (1766–1836), der in fünfter Generation Schulmeister war, förderte das musikalische Talent des Jungen und gab ihm ersten Musikunterricht. Später nahm sich der Stadtpfarrorganist von Burghausen, Georg Hartdobler (1772–1851),

Franz Xavers musikalischer Ausbildung an. Peterlechner konnte den Vater überzeugen, dass das Lehrerpult für seinen Sohn geeigneter war als der Webstuhl. Es zeugt von Weitsicht, dass der Vater dem Rat Peterlechners folgte und nicht auf der weiteren Ausübung des Handwerks für seinen Sohn bestand. Nicht gleich zwar, aber als der Sohn 18 Jahre alt war, ließ er ihn ziehen.

Die Lehrerausbildung dauerte nur ein Jahr. Es war in der damaligen Zeit daher kein besonderes Kunststück, Lehrer zu werden. Der Stoff war überschaubar, Pädagogik und Didaktik spielten keine Rolle. Mehr noch als die Beherrschung von Lesen, Rechnen, Schreiben kam es auf das Können an der Orgel an, denn die Lehrer waren fast immer auch die Organisten ihres Dorfes. In Ried am Innkreis und in Salzburg legte Gruber die Lehrerprüfungen ab und absolvierte die Gehilfenzeit bei seinem alten Mentor Peterlechner in Hochburg.

Am 12. November 1807 wurde er zum Lehrer von Arnsdorf ernannt. Als „gebrödeter Stiftsdiener", wie die offizielle Bezeichnung lautete, war er in seiner Lehrer-Funktion Mitarbeiter des Klosters Michaelbeuern, das bis zum österreichischen Reichsvolksschulgesetz von 1869 die Schule unterhielt. Nur diesem Umstand war es zu verdanken, dass Gruber nicht zum Militärdienst gegen die Franzosen eingezogen wurde. Klosterbedienstete brauchten keinen Militärdienst abzuleisten. Gruber kam in eine uralte Gemeinde, denn Arnsdorf ist eine Gründung des Salzburger Erzbischofs Arn († 821), Nachfolger des heiligen Virgilius. Erzbischof Eberhard II. übereignete die Pfarrei Arnsdorf 1241 mit allen Rechten und Einkünften dem Benediktinerstift in Michaelbeuern; seitdem wurde die Seelsorge im etwa neun Kilometer entfernten Arnsdorf von den Michaelbeuerner Benediktinern ausgeübt.

Einen Haken hatte die erste Lehrerstelle in Arnsdorf für Gruber allerdings: Sie war nur deshalb frei geworden, weil sein Vorgänger verstorben war. Es war üblich, dass der Anwärter die Witwe des verstorbenen Stelleninhabers heiraten musste, damit diese versorgt war. Wir wissen nicht, ob Gruber die schon zweimal verwitwete und 13 Jahre ältere Elisabeth Fischinger aus Überzeugung, Liebe oder aus Karrieregründen heiratete – er tat es jedenfalls. Und das, obwohl der Abt von Michaelbeuern sechs Jahre zuvor eine wenig schmeichelhafte Charakterisierung Elisabeth Fischingers notiert hatte: „Eine bäuerische Person von eingeschränktester Lebensart und nicht geschaffen für ein Mannsbild, das den Umgang mit feinern Weibsleuten gewohnt."

Gruber folgte mit der Heirat nicht seinem berühmten Musiker-Vorbild Johann Sebastian Bach, der der Legende nach auf die begehrte Kirchenmusikerstelle an der Lübecker Marienkirche verzichtete, als er erfuhr, dass damit die Heirat mit der – sagen wir – unscheinbaren Tochter Dietrich Buxtehudes, Anna Margaretha, verbunden war. Der 20-jährige Franz Xaver Gruber nahm die 33 Jahre alte Witwe zur Frau, und es scheint keine unglückliche Ehe gewesen zu sein. Das Paar hatte zwei Töchter und lebte 19 Jahre zusammen, bis Elisabeth 1825 starb.

Gruber wurde somit im November 1807 nach seiner Hochzeit Lehrer in Arnsdorf. Zu seinen Aufgaben gehörte auch der Mesnerdienst in der benachbarten Wallfahrtskirche Maria im Mösl. Zu den Aufgaben des Mesners gehörte es, die Kirche in Ordnung zu halten, den Altar zu schmücken, die Glocken zu läuten, sich um die Kirchenwäsche zu kümmern und die Ministranten zu beaufsichtigen. Die Dienste des Schulmeisters, Mesners und auch des Organisten bildeten häufig eine Einheit, um den Stelleninhabern ihr Auskommen zu sichern, denn allein vom mageren Gehalt als Lehrer konnte niemand leben.

Arnsdorf hatte einen Namen als Wallfahrtsort. In der napoleonischen Kriegszeit wurde es allerdings still in dem Städtchen, kaum ein Wallfahrer verirrte sich noch dorthin. Die Schule war halb verfallen, Handel und Schifffahrt auf der Salzach, die erstmals schon im Jahr

825 erwähnt worden sind, waren 1803 mit dem Ende des Salzburger Salzmonopols zusammengebrochen und die Kinder der Händler und Schiffer in der Region verwahrlost; sie wurden von ihren arbeitslos gewordenen Eltern eher zum Betteln als in die Schule geschickt. Gruber hatte echte Pionierarbeit zu leisten.

1816 übernahm er „in Ermangelung eines passenden Individuums"[96] und sicherlich auch, um sein bescheidenes Lehrergehalt aufzubessern, zusätzlich den Kantoren- und Organistendienst in der etwa vier Kilometer entfernten Kirche St. Nikola in Oberndorf. Gerne wäre er auch an die Schule von Oberndorf gewechselt, schon alleine um sich den regelmäßigen dreiviertelstündigen Fußweg nach Oberndorf zu sparen, aber der Tausch mit einem anderen Lehrer scheiterte am Widerstand seiner Vorgesetzten im Stift Michaelbeuern. Die Kirche St. Nikola befand sich in einem desaströsen Zustand, die gesamte Kirchenbestuhlung war ausgeräumt worden, und die Bayern hatten bei ihrem Abzug vom rechten Salzach-Ufer sogar das Weihwasserbecken mitgehen lassen.

Kurzzeitig kam 1820 Leben nach Arnsdorf, als man den 300. Jahrestag der Wallfahrt feierte. Der Schirmherr der Wallfahrtskirche, das Stift Michaelbeuern, organisierte ein fünftägiges Fest, „wie es der kleine Ort wohl vorher nie erlebt hatte. Eine eigene Polizeitruppe wurde aufgeboten, die riesige Volksmenge – ungefähr 20.000 Menschen – in Ordnung zu halten. Acht Triumphbogen standen auf den Zufahrtswegen. Die Friedhofsmauer wurde niedergerissen und die Grabkreuze entfernt. Selbst die Kirchenmauer durchbrach man an der Seite des Orgelchores und baute eine Stiege, um für Sänger und Musiker einen eigenen Zugang von außen zu schaffen."[97] Gruber dirigierte während der Festtage nach wochenlangen Proben ein 50-köpfiges Orchester, und er steuerte zum Jubiläum die Schrift „Kurze Schilderung der Wallfahrtskirche zu Arnsdorf" bei, in der er einen kunsthistorischen Überblick, illustriert mit eigenen Zeichnungen, gab. Das Wallfahrtsjubiläum war ohne Zweifel ein Höhepunkt in Grubers bisherigem künstlerischen Schaffen.

Der Dorflehrer hatte im Laufe der Jahre nicht nur die Schule wieder instandgesetzt, sondern auch ein beträchtliches Leistungsniveau bei seinen Schülern erreicht. Im amtlichen Schulbericht von 1821 wurde die Schule Arnsdorf als die beste im ganzen Bezirk bezeichnet.[98] Und das, obwohl, wie der Bericht vermerkte, die soziale Situation in der Gegend sich aufgrund der Landesteilung auch nach mehr als einer halben Generation noch nicht verbessert habe: „Die Schiffer sind noch immer brotlos und noch immer schicken sie ihre Kinder auf Bettel aus. Die Bevölkerung ist müßig, begeht Diebstahl aus Not, betrügt ohne Bedenken, gibt sich im Winter mit Komödienspiel ab. Sie reisen herum und bringen von auswärts alles Böse nach Hause. Spielen, Raufen, Saufen ist stark, besonders die Verführung des anderen Geschlechts ist groß, und jede schamlose Dirne findet Unterstand."[99]

Nachdem am 5. August 1825 Grubers Frau Elisabeth am „Brand des Unterleibs" im Alter von 50 Jahren gestorben war, heiratete er kein halbes Jahr später, am 24. Januar 1826, die erst 19 Jahre alte Maria Breitfuß. Gruber ging auf die 40 zu. Maria war eine seiner Schülerinnen gewesen, „ein liebliches und musikalisches Geschöpf"[100]. Aus dieser glücklichen Ehe sollten zusätzlich zu den zwei Kindern Grubers aus erster Ehe zehn weitere hervorgehen, von denen vier am Leben blieben.

1829 wechselte Gruber als Lehrer und Mesner ins nahe gelegene Berndorf, nachdem seine Versuche endgültig gescheitert waren, die besser bezahlte Lehrerstelle im größeren Oberndorf zu bekommen und er sich jahrelang hatte vertrösten lassen. Von den zwölf Bewerbern stand er in Berndorf auf Platz eins und wurde schließlich aufgrund seiner hervorragenden Zeugnisse und seiner inzwischen mehr als 22-jährigen Berufspraxis genommen. Im Gegensatz zu Arnsdorf musste Gruber hier nicht das Schulgeld selbst eintreiben, dies machte in Berndorf – das zu einem anderen Schuldistrikt gehört – die Justiz. Das Schulgeld wurde in Salzburg erst 1873 abgeschafft und drückte bis dahin vor allem die meist arme Landbevölkerung schwer. Joseph Mohr hatte dasselbe Problem in seinem Wirkungsbereich. Er hatte deshalb einen Ausgleichsfonds geschaffen, das so genannte Armenaversum, aus dessen Mitteln zumindest die ärmsten der armen Familien unterstützt werden konnten, so dass ihren Kindern der Schulbesuch ermöglicht wurde.

Gruber verabschiedete sich sechs Jahre später vom Lehrerberuf, um Chorregent und Organist an der Stadtpfarrkirche in Hallein zu werden. Hallein war die Stadt, in der jahrhundertlang das Salz produziert wurde, das den Prunk im nahe gelegenen Salzburg finanzierte. Hallein selbst, schon seit langem ein Zentrum der frühen Industrialisierung im ansonsten rein agrarisch geprägten Land Salzburg, war in der ersten Hälfte des 19. Jahrhunderts trostlos. Zeitgenossen wie Franz Schubert beschrieben Ruß und Schmutz in der Stadt, zeitgenössische Bilder zeigten Dreck, der aus den Häusern quoll.[101] Das Salzwesen lag darnieder, die früher ebenfalls wichtige Baumwollproduktion wurde in der Zeit des Vormärz eingestellt. Das Stadtbild prägten aber immer noch die Salzarbeiter aus dem oberhalb von Hallein gelegenen Dürrnberger Salzbergwerk und aus der Halleiner Saline. Viele von ihnen waren arbeitslos und verarmt. Doch die Wirtschaftskrise schien Gruber nicht abgeschreckt zu haben, in die Stadt zu kommen. In Hallein erfüllte sich sein Wunsch, ausschließlich für die Musik zu leben, der er sich inzwischen „mit Eifer und Begeisterung“[102] ganz und gar hingegeben hatte. Alles andere war ihm egal.

Vom 2. Juli 1835 an war er 28 Jahre lang nur noch als Kirchenmusiker und Komponist in Hallein tätig. Er hatte sich inzwischen landesweit einen Namen als Musiker gemacht und wirkte sehr nachhaltig

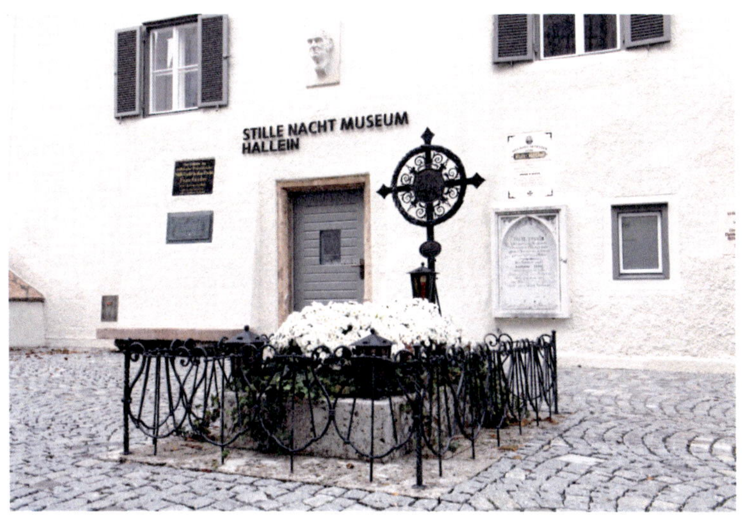

Wohnhaus, heute Stille Nacht Museum, und Grab Grubers in Hallein

an seinem Arbeits- und Wohnort, dessen Bürgerrecht er 1854 erhielt: neben seinen alltäglichen Aufgaben als Organist und Chorleiter arbeitete er an zahlreichen Kompositionen, widmete er sich der Erneuerung der Orgeln in der Stadtpfarrkirche und in der benachbarten Dürrnberger Kirche, gründete die Halleiner Liedertafel und setzte sich für eine bessere musikalische Ausbildung der Jugend ein.

Gruber starb am 7. Juni 1863 gegen 16 Uhr im Alter von 76 Jahren als hoch angesehenes Mitglied der Halleiner Gesellschaft an Altersschwäche – „ein aufrechter, durch und durch lauterer Charakter, der seinen geraden Weg durchs Leben" gegangen war.[103] Seine dritte Ehefrau Katharina Rieser, eine Freundin seiner inzwischen verstorbenen zweiten Frau Maria Breitfuß, überlebte ihn um zehn Jahre. Diese dritte Ehe war kinderlos geblieben. Am 10. Juni 1863 wurde er begraben. Drei Priester geleiteten den Leichenzug. 20 Mann der Bürgermusikkapelle, Vertreter der Liedertafel, des Gesellenvereins und viele

Gemeindemitglieder schlossen sich an. Gruber zu Ehren findet noch heute alljährlich an Heiligabend um 17 Uhr an seinem Grab ein Singen der Halleiner Liedertafel statt, während eine Ehrenformation der Halleiner Bürgergarde um das Grab schreitet. Gruber hinterließ ein umfangreiches musikalisches Werk mit allein 70 Messen, das ganz auf die Möglichkeiten und Bedürfnisse der Stadtpfarrkirche Hallein und seiner Chorsänger zugeschnitten war. Seine Kompositionen wären heute allerdings kaum der Rede wert, wäre er nicht der Schöpfer der „Stille Nacht"-Melodie.

1817 lernten sich Gruber und der fünf Jahre jüngere Joseph Mohr in Oberndorf kennen, und es begann eine lebenslange Freundschaft. Sie arbeiteten eng zusammen. So entstand nicht nur das „Stille Nacht"-Lied als Gemeinschaftsproduktion, sondern im Frühjahr 1818 auch ein Te Deum, zu dem Mohr den deutschen Text beisteuerte. Dabei waren ihre Charaktere durchaus unterschiedlich: Mohr galt als ein begeisterungsfähiger und kontaktfreudiger Mensch, Gruber dagegen zeichneten Ruhe, Beständigkeit und Geradlinigkeit aus. Während Mohr oft impulsiv handelte und durchaus sprunghaft sein konnte, verfolgte Gruber seine Ziele langfristig – und erreichte sie auch. Sein Lebensziel, ausschließlich als Kirchenmusiker zu arbeiten, verwirklichte er mit Beharrlichkeit und Ausdauer. Bei all dem war Gruber ein verlässlicher und liebevoll sorgender Ehemann und Vater, der mit seiner Familie manchen Schicksalsschlag meisterte.[104]

Als Mohr 1819 von Oberndorf nach Kuchl versetzt wurde, schrieb Gruber seinem Freund ein vierstimmiges Abschiedslied, das den Priester, wie es in einem Brief Grubers hieß, „so rührte, dass er wie ein Kind weinte. Die Trennung fiel ihm so schwer, dass er sich ein eigenes Zimmer geben ließ, sich niederlegte und sich verbath ihn zu stören."[105] Die Freundschaft zwischen beiden Männern hielt ein Leben lang. Mohr besuchte Gruber auch noch in dessen Halleiner Zeit.

Das Sprichwort, dass Dichter und Komponisten oft erst nach ihrem Tod zu Ruhm und Ansehen kommen, trifft auf Mohr und Gruber in besonderer Weise zu. Zu Lebzeiten haben sie sich nie um ihr schönstes und wichtigstes geistiges Kind gekümmert. Dass ihre Namen dereinst weltberühmt und in vielen Gesangbüchern und Notenheften stehen würden, hätten sie sich nicht im Traum ausmalen können. Sie blieben ein Leben lang aufrechte Männer aus dem Volk, denen es nicht um ihr persönliches Andenken ging, sondern dem einen allein um die Kunst, dem anderen um das Seelenheil der ihm anvertrauten Menschen.

Seit einigen Jahren steht ihr Name sogar buchstäblich in den Sternen. Im September 2003 wurde der von dem Thüringer Astronomen und Kirchenmusikliebhaber Freimut Börngen vom Observatorium Tautenburg bei Jena 15 Jahre zuvor entdeckte Kleinplanet 65675 „Mohr-Gruber" benannt. Der Planetoid mit einem Durchmesser von 5,7 Kilometern gehört dem Asteroidengürtel zwischen Mars und Jupiter an. Ein Jahr auf „Mohr-Gruber" dauert 2077 Erdentage. Er braucht für einen Umlauf um die Sonne 5,69 Jahre.[106]

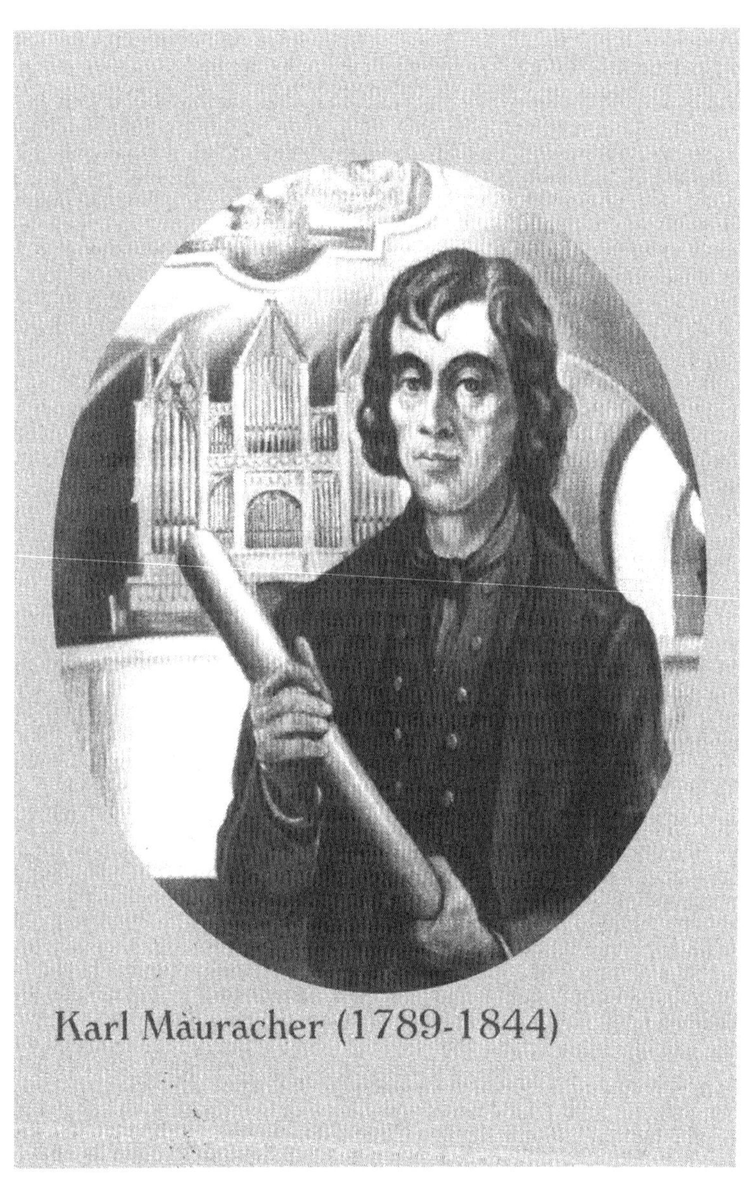

Karl Mauracher (1789–1844)

Der erste Welthit der Musikgeschichte

Wäre die Orgel in der Kirche St. Nikola nicht kaputt gewesen, so hätten wir vielleicht nie von „Stille Nacht" gehört; es wäre ein lediglich regional verbreitetes Weihnachtslied in den Alpen geblieben, dessen Text und Noten von Organist zu Organist gegangen wären, jeweils abgeschrieben und weitergereicht. Auf diese Weise gelangte es 1819 auch in die Hände des 22 Jahre alten Organisten Blasius Wimmer aus Waidring in Tirol, der es mit Datum vom 22. Juli 1819 in seine Kirchenliedersammlung aufnahm – die älteste heute bekannte Abschrift eines Dritten. Handschriftlich vermerkt ist das Lied auch in einem Gesangbuch für Frauen und Kirchenlieder von 1827. In Steyr wurde das Lied 1827[107] erstmals gedruckt.[108]

Es war also schon wenige Jahre nach seiner Erstaufführung über Oberndorf hinaus bekannt. Doch bis es wirklich populär wurde, sollten noch Jahre vergehen. Erst Mitte der 1820er Jahre war es Gruber gegen alle Schwierigkeiten seiner vorgesetzten Stellen gelungen, dass in St. Nikola endlich eine neue Orgel eingebaut werden konnte. Dazu reiste der Orgelbaumeister Karl Mauracher (1789–1844) aus Kapfing bei Fügen im Zillertal nach Oberndorf.

Die Mauracher waren eine bekannte Orgelbauerfamilie. Karl Mauracher betrieb das Handwerk schon in der dritten Generation, galt als Meister seiner Kunst und hatte Aufträge bis in den italienischsprachigen Raum hinein. Insgesamt sollte er in seinem Leben rund 50 Orgeln bauen. Als einer der ersten Österreicher stellte er chromatisch voll ausgebaute Manuale und Pedale her. In Oberndorf muss er bereits 1823 das erste Mal gewesen sein, um die Maße der Empore zu nehmen, denn am 9. Januar 1824 legte er der Gemeinde sein Angebot für eine neue Orgel vor.[109] 1000 Gulden sollte das Instrument kosten. Mauracher bekam den Auftrag und baute die Orgel in die Kirche St. Nikola ein.

In den fünf oder sechs Wochen, die er und seine Mitarbeiter für die Aufstellung benötigten, lernte er das „Stille Nacht"-Lied kennen. Wie und wann dies genau geschah, bleibt im Dunkeln. Es ist möglich, dass der Orgelbauer nach Feierabend in den Gastwirtschaften des Ortes verkehrte und ihm die Menschen von jenem Lied erzählten. Vielleicht wurde er neugierig und erkundigte sich dann bei Gruber nach dem Liedblatt. Als Organist muss Gruber die Arbeiten an der neuen Orgel mit großem Interesse verfolgt und eng mit Mauracher zusammengearbeitet haben. Vielleicht hat ihn Gruber auch direkt auf „Stille Nacht" aufmerksam gemacht. Weniger wahrscheinlich ist, dass Mauracher von dem Lied über Pfarrer Nöstler erfuhr. Der war froh, dass sein früherer Coadjutor Mohr, den er für unfähig gehalten hatte, seit Jahren schon weg war. Nöstler dürfte keine Lust daran gehabt haben, über das Lied an Mohr erinnert zu werden.

Wie auch immer, Mauracher brachte eine Abschrift von „Stille Nacht" mit in seine Zillertaler Heimat, die bis zur napoleonischen Zeit salzburgisch gewesen war, nun aber zu Tirol gehörte. Dort begann die Weltkarriere des Liedes. Das hatte einen besonderen Grund: Das Zillertal war traditionell Zentrum einer weit verbreiteten

Volksliedtradition. In den Familien der Region wurde vornehmlich im Winter Hausmusik gemacht und gesungen. Wegen der verbreiteten Armut im Zillertal mussten sich viele Menschen als Gastarbeiter ihr Brot im Ausland verdienen. Die fahrenden Händler unter ihnen lockten bei Verkaufsreisen mit der Musik Kundschaft an. Manche Bauernfamilien unter diesen Sängergruppen nutzten die Wintermonate, wenn es wegen der verschneiten Almen in der Landwirtschaft nichts zu tun gab, um sogar durch halb Europa zu touren und Konzerte zu geben.

Die Sänger waren gern gesehene Gäste auch an den Fürstenhöfen, galten die Tiroler doch als freiheitsliebend und als rustikales, widerständiges und sympathisches Völkchen, das mit seinem Anführer Andreas Hofer in einem als Kampf David gegen Goliath empfundenen Ringen sogar Napoleon und den mit ihm verbündeten Bayern die Stirn geboten hatte – ein Mut, von dem die Fürsten Europas während der Herrschaft des Korsen nur hatten träumen können. Der in der Alpenregion verbreitete vierstimmige Gesang eroberte daher in dieser Zeit des europaweiten Tirol-Hypes den Kontinent.

Über Mauracher hörten reisende Sängergruppen wie die Familien Hauser und Leo, vor allem aber die damals bekannten Sänger-Geschwister Strasser aus einer Landwirtsund Handschuhmacherfamilie in Laimach im Zillertal, heute Ortsteil der Gemeinde Hippach, von dem Lied und nahmen es in ihr Repertoire auf. Vater Lorenz Strasser und seine Kinder waren durch Auftritte auf den Märkten in der näheren und weiteren Umgebung bekannt, wo sie mit „ächten Tyroler Liedern", wie es damals hieß, für Vergnügen bei ihrem Publikum und für ein zusätzliches Einkommen sorgten.

Bis zur Messe ins ferne Leipzig fuhren die Strasser-Geschwister Caroline, Amalie, Anna und Josef 1831, um ihre Waren zu verkaufen. Die damals zwischen 18 und 24 Jahre alten Sänger-Handwerker nutzten

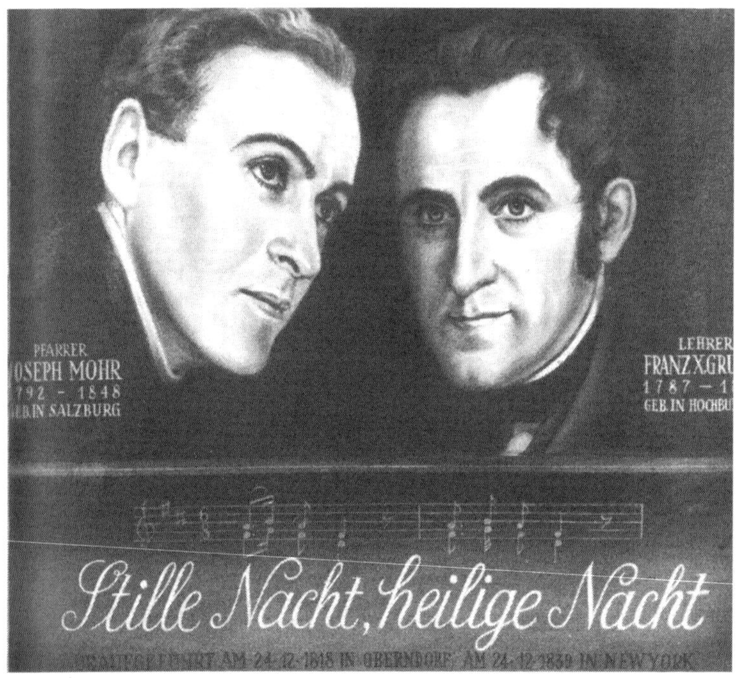

Mohr und Gruber von Anton Ziegler

den Aufenthalt nicht nur, um auf der vom 27. Dezember 1831 bis 17. Januar 1832 stattfindenden Neujahrsmesse ihre Waren zu verkaufen, sondern auch, um zu singen. Die Neujahrsmesse war einer von drei traditionellen Messeterminen in Leipzig. Bei einem ihrer Auftritte am 24. Dezember 1831 in der Pleißenburg zu Leipzig, wo damals die katholischen Gottesdienste stattfanden, erklang zum ersten Mal „Stille Nacht" in Sachsen.[110] Im Heimatmuseum in Fügen ist diese Szene heute auf einem Gemälde von Anton Ziegler zu sehen.

Die Pleißenburg war eine Festung am Rande Leipzigs, die 1897 abgetragen wurde. Inzwischen steht an der Stelle das Neue Rathaus. Die Tiroler Sänger wurden Stadtgespräch, zumal sie bis Ende Januar

1832 mehrfach auftraten, unter anderem in den Pausen eines Konzerts im berühmten Gewandhaus. Sie haben „Stille Nacht" bei diesen Darbietungen vorgetragen, denn die Weihnachtszeit endete auch im protestantischen Sachsen erst mit Maria Lichtmess am 2. Februar, und so lange war es üblich, Weihnachtslieder zu singen. „Stille Nacht" ging den Sachsen zu Herzen und wurde ein Renner. Die „Allgemeine musikalische Zeitung" berichtete am 1. Februar 1832 von einem Auftritt der Strasser-Geschwister, bei dem „der Saal von stürmischen Beyfalle widerhallte"[111].

Das Lied kam damit in einem Land an, in dem zu 90 Prozent Protestanten lebten. Die Bedeutung dieser Verpflanzung aus dem dörflich-alpenländischen Umfeld in den evangelisch-lutherischen Kulturraum, noch dazu in eine Großstadt, kann für die weitere Ausgestaltung und die Verbreitung nicht hoch genug eingeschätzt werden. Bedeutsam ist auch die Verschiebung der Aufführungspraxis weg von Kirchen und Kapellen hin zu Konzerthallen und Hotelsälen. Das bedeutete eine Loslösung vom gottesdienstlichen Kontext und den Eintritt des Liedes in die weite Welt des Volkslieds.

Schon Ende des Jahres 1832 waren die Strasser-Geschwister erneut in Leipzig, diesmal aber offensichtlich nicht mehr, um ihre Waren feilzubieten, sondern nur noch um zu singen. Dafür sprechen der relativ frühere Auftrittstermin am 15. Dezember 1832, weit vor Eröffnung der Messe, und die Tatsache, dass anders als ein Jahr zuvor keine Annoncen mehr in den Leipziger Zeitungen mit Hinweisen auf ihren Messestand erschienen. Stattdessen gab es Vorankündigungen zu ihren Konzerten. Leipzig schien sich als eine Goldgrube für ihre Musik entwickelt zu haben. Das Singen war lukrativer geworden als der Handel mit Handschuhen. Ihre Songs handelten von Liebe und Heimat, von Sehnsucht und Glück. Jodeln war ein wichtiger Bestandteil. Es gab schon damals „richtige Schlager", wie die Innsbrucker Musikwissenschaftlerin Sandra Hupfauf bemerkte. Und die kamen „irrsinnig gut an“[112].

Die Geschwister hatten sich erstaunlich schnell professionalisiert. Ihre Tourneeplanung mutete geradezu modern an: Die Aufführungsorte wurden sorgfältig ausgesucht, die Dramaturgie folgte einer präzisen Planung. Als Bühnenkleidung trugen die Sänger einheitlich die Zillertaler Tracht, was die Wirkung der Musik optisch verstärkte. Es gab eine effiziente Presseund Öffentlichkeitsarbeit in einer Kombination von redaktionellen Artikeln und Anzeigen. Das Konzert vom 15. Dezember 1832 fand im Ballsaal des gediegenen Hôtel de Pologne in der Hainstraße 16-18 statt, wo 1706 schon der polnische König Stanislaus I. Leszczyński genächtigt hatte; es war eines der größten und repräsentativsten Hotels in Leipzig und eine sehr gute Adresse für niveauvolle Musikdarbietungen. Im Repertoire war „Stille Nacht“ diesmal ursprünglich gar nicht vorgesehen, doch bat ein anonymer Leserbriefschreiber im Leipziger Tageblatt: „Möchten doch die Geschwister Strasser durch die Nähe der Weihnachtszeit sich bewogen finden, in dem bevorstehenden Concerte das schöne Weihnachtslied ‚Stille Nacht, heilige Nacht‘ zum Besten zu geben. Sie würden sich dadurch viele Freunde ihres herzerhebenden Gesanges dankbar verpflichten.“[113]

Dieser Leserbrief ist in zweierlei Hinsicht bemerkenswert: Wenn er echt war, musste das Lied in Leipzig bereits ein Jahr nach seiner Premiere so bekannt und beliebt gewesen sein, dass es vom Publikum für das bevorstehende Konzert eingefordert wurde. Aber warum blieb der Leserbriefschreiber dann anonym? Oder waren die Strasser-Geschwister so ausgekocht, dass sie selbst hinter dem Brief steckten, um ihr Konzert interessant zu machen? Dann aber musste ihnen die Wirkung des Liedes schon gut bekannt sein. So oder so unterstreicht der Leserbrief die große Popularität von „Stille Nacht“ in Sachsen bereits im Jahr 1832.

In seinem Bericht im Leipziger Tagblatt vom 17. Dezember 1832 hob der Kritiker des Strasser-Konzerts „Stille Nacht“ jedenfalls lobend hervor. An anderer Stelle in der Zeitung hieß es: „Die Wahl der Lieder war glücklich und ganz geeignet, um uns die eigenthümlichen Schönheiten des Alpengesanges zu veranschaulichen. Die gemüthvollen Melodien drangen zu Herzen. Wir fühlten uns im Geiste in die heimatlichen Thäler der Sänger, in die großartige und doch so trauliche Gebirgswelt Tyrols versetzt.“[114] Besser konnte eine Konzertkritik kaum ausfallen.

Kein Wunder, dass bei einer derart positiven Aufnahme die Konzerte der Strassers in Leipzig Stadtgespräch wurden. Auch der Dresdner Verlagsbuchhändler August Robert Friese (1805-1848) erfuhr von ihnen. Friese hatte 1828 die Buchhandlung seines Vaters in Pirna übernommen und gleichzeitig in Dresden eine Musikalienhandlung eröffnet. Er war stets auf der Suche nach lukrativen Novitäten. So begann er sich für die vermeintlichen „Tiroler Volkslieder“ zu interessieren. Vielleicht war er sogar selbst in einem Konzert der Strasser-Geschwister oder er hörte davon aus der Presse oder von Kollegen. In jedem Fall war er so angetan von der alpenländischen Musik, dass er (vermutlich 1833) ein Notenheft unter dem (falschen) Titel „Vier ächte Tyroler Lieder“[115] herausgab, in dem nun auch erstmals „Stille Nacht“ abgedruckt wurde, allerdings mit erheblichen Veränderungen wie der Kürzung von sechs auf drei Strophen und ohne Nennung der Autoren[116].

Joseph Mohr und Franz Xaver Gruber als Urheber des Liedes waren zu dieser Zeit schon vergessen. Die Strassers sangen alle ihre Lieder, ohne dass die Autoren bekannt gegeben wurden. Dies war in der damaligen Volksmusikszene durchaus üblich. Volkslieder entstanden quasi aus dem Nichts heraus. Sie wurden als mündlich überliefertes Traditionsgut weitergegeben, so dass die Schöpfer dieser Werke oftmals unbekannt blieben. Bescheidenheit und Desinteresse der „Stille

Nacht"-Autoren taten ein Übriges, dass ihr Lied bis in die zweite Hälfte des 19. Jahrhunderts ohne Urheberangabe verbreitet wurde. Gruber und Mohr hatten das Lied als kirchliche Gebrauchsmusik konzipiert, der sie keinen hohen Wert beimaßen. Dass aber gerade dieses Lied derart aus dem Rahmen des in der Kirchenmusik seiner Zeit Üblichen fallen würde, konnte keiner der beiden Freunde ahnen. Als Gruber in seiner „Authentischen Veranlassung" von 1854 auf seine und Mohrs Autorschaft hinwies, war es schon zu spät: Den Autoren war ihr Lied entglitten und ging seine eigenen Wege.

Beigetragen zum Vergessen der Autoren hat auch der Umstand, dass es im Land Salzburg zu Mohrs und Grubers Zeiten kaum Berufsschriftsteller wie in anderen deutschsprachigen Ländern gab und daher auch keine Verleger, die Almanache oder Anthologien herausgaben. Sonst wäre Mohrs Liedtext womöglich unter seinem Namen früher oder später in einer solchen Lyriksammlung publiziert worden. Eine Predigt von ihm war ja immerhin gedruckt worden und 1848, in seinem Todesjahr, erschienen. Aber Salzburg blieb in der Vermarktung von Lyrik zu Mohrs Zeiten weit hinter Städten wie Wien oder sogar Göttingen zurück.

Die Noten in Frieses Druckausgabe waren, wie es hieß, „treu diesen trefflichen Natursängern nachgeschrieben", also den Strasser-Geschwistern, und nicht den beiden Autoren. Wer wann die Noten nach Gehör für das Liedheft Frieses notierte, ist nicht bekannt. Mit dieser ersten in Deutschland gedruckten und verbreiteten Version vervielfachten sich aber die Verbreitungsmöglichkeiten des Liedes. Es wurde vom handschriftlich kopierten Notenblatt zu einem Massenprodukt in hohen Stückzahlen und vielen Auflagen.

Frieses Erstdruck ist auch deshalb ein Meilenstein in der Geschichte von „Stille Nacht", weil seine Fassung die Rezeption und die Aufführungspraxis für die Folgezeit prägte. Vielen späteren Drucken im In- und Ausland lag die Version Frieses zugrunde. Und diese Version enthielt folgenschwere Eingriffe in Text und Melodie. Der Verleger Friese oder vielleicht auch schon vor ihm die Zillertaler Sänger hatten die ursprünglich sechs Strophen auf drei reduziert, nämlich auf die Strophen 1, 6 und 2, und zwar in dieser Reihenfolge. Mit der Unterschlagung der Strophen 3, 4 und 5[117] fielen auf einmal wesentliche theologische Aussagen weg: die Menschwerdung Gottes („in Menschengestalt"), die väterliche Liebe, die Gott vom eigenen „Grimme befreyt" hat und die Brüderlichkeit Jesu, die alle „Völker der Welt" betrifft.[118]

Nur die „gemütlichen" Strophen mit der Krippenszene, der Verkündigung der Engel an die Hirten und der göttlichen Liebe finden sich bei Friese – und diese auch noch angepasst an die Melodie, so dass Silben und Noten übereinstimmten. Der Notensatz ist für Klavier vorgesehen, also zum Musizieren in der Familie bestimmt. Die Melodie bekam durch den Schwung in einen Dominantseptakkord bei „schlaf' in himmlischer Ruh" einen ganz neuen Akzent, der vom Komponisten Gruber so nicht beabsichtigt war. Da die Notenniederschrift getreu dem Gesang der Strasser-Geschwister gefolgt sein soll, ist anzunehmen, dass die Strassers das Lied mit einem solchen „empathischen Höhepunkt"[119] auf sentimentalisierende Weise interpretiert haben müssen.

Dass Friese die theologisch schwergewichtigen Strophen 3, 4 und 5 unterschlug, könnte durchaus Kalkül gewesen sein; sie hätten die Romantisierung des Liedes und damit den kommerziellen Erfolg behindert. Die Fassung Frieses nahm dem Liedtext seine Gravität, er zerfiel fortan in einzelne, im Prinzip beliebig kombinierbare Rufe, die „nur noch eine schwebende Stimmung erzeugen, deren einzelne Aussagen gleichgültig geworden seien".[120] Der Popularisierung des Liedes leistete diese Reduzierung auf bildhafte Textbausteine allerdings Vorschub, und dass eine solche Reduzierung und Neukombination der Strophen überhaupt möglich war, dürfte eines der Geheimnisse seines Erfolges sein.

Das Zusammenwirken der Aufführungspraxis der Strasser-Sänger und der Druckverbreitung durch Friese führte zu einer ungeahnten Beliebtheit von „Stille Nacht". Auf einmal war das Lied kompatibel für alle möglichen Gelegenheiten, von der Hausmusik über profane Volkslied-Konzerte bis zum Verbleib im kirchlichen Raum. Nicht mehr nur Katholiken erfreuten sich an Text und Melodie, sondern auch Protestanten ließen sich davon anrühren, und damit stand dem Lied in seiner reduzierten privaten und gleichsam entpolitisierten Form auch der Weg nach Norddeutschland, Skandinavien und nach Übersee offen. Die Ausbreitung geschah schnell: Anfang der vierziger Jahre des 19. Jahrhunderts war „Stille Nacht" schon in Niedersachsen bekannt, wie der Hofopernsänger Joseph Bletzacher aus Hannover berichtete.[121] In Berlin sang der Domchor „Stille Nacht"; es soll die Lieblingsmusik des kunstsinnigen Preußenkönigs Friedrich Wilhelm IV. gewesen sein.[122]

Wie genau das Lied nach Preußen kam, ist nicht mehr zu klären. Es könnte von den Zillertaler Inklinanten mitgebracht worden sein, einer 1837 wegen ihres protestantischen Glaubens aus Tirol vertriebenen Minderheit, die sich nach Einladung von König Friedrich Wilhelm III. in Preußen niederließ. Auch die Strasser-Sänger traten 1834 in Berlin auf; ob sie bei ihren Konzerten im Frühsommer jenes Jahres allerdings „Stille Nacht" vortrugen, darf bezweifelt werden. Das hätte kaum in die Jahreszeit gepasst.

In Sachsen tauchte es 1836 erstmals in einem Schulliederbuch auf, in der „Sammlung zwei- und dreistimmiger Gesänge für Volksschulen" von Carl August Abmeyer, Kantor und Lehrer an der Knabenschule im sächsischen Grimma. Vorlage war wiederum die Druckfassung Frieses. Damit bekam das Lied den offiziellen Segen der evangelischen Landeskirche. Denn die Aufsicht über das Schulwesen lag in Sachsen bei der (evangelischen) Kirche. Bis 1835 war dafür das Konsistorium in Leipzig zuständig, dann wurde die Schulaufsicht dezentralisiert und den Landkreisen beziehungsweise Gemeinden übertragen. Der örtliche Pastor saß den jeweiligen Deputationen vor. Die evangelische Schulaufsicht hatte offensichtlich gegen das ursprünglich katholische Kirchenlied nichts einzuwenden. Ohnehin war man in Sachsen großzügig, was die katholische Minderheit anging. Ihre Frömmigkeit wurde ebenso unverstanden wie schulterzuckend zur Kenntnis genommen, die katholische Lehre als solche jedoch von offizieller Seite scharf abgelehnt.[123] Man ließ die Katholiken einfach in Ruhe. 1838 wurde „Stille Nacht“ ins katholische Gesangbuch in Sachsen aufgenommen.

Die weltweite Verbreitung lief allerdings weder über Sachsen noch über Preußen, das in der Rezeptionsgeschichte von „Stille Nacht“ keine weitere größere Rolle mehr spielte, außer dass es 1887 ins evangelische „Gesangbuch für Ost- und Westpreußen“ aufgenommen wurde. Da hatte es im Süden Deutschlands schon längst eine „beispiellose Verbreitung“[124] gefunden. Um den Weg des Liedes in die Welt zu verfolgen, müssen wir noch einmal zurück in die Alpen. Wie erwähnt gab es neben den Strassers weitere Sängergruppen aus dem Zillertal, die als Tiroler Nationalsänger im In- und Ausland beliebt waren und Tiroler Lebensart und Liedgut in ferne Länder trugen. Für „Stille Nacht“ ergab sich hier die Chance, unter dem populären, aber falschen Etikett als Tiroler Volkslied von der europaweiten Tirol-Begeisterung zu profitieren und so quasi als blinder musikalischer Passagier zu internationalem Ruhm und in die Wohnzimmer von Adel und Bürgertum zu gelangen. Und so geschah es auch. Ohne die Tourneen der Tiroler Sänger in ganz Europa wäre „Stille Nacht“ nicht so weit gekommen. Bis in die 1840er Jahre war es in den Niederlanden, Belgien, England, Skandinavien und Russland bekannt.[125]

Eine der Tiroler Sängergruppen hatte neben den Strasser-Geschwistern besonders großen Anteil an der Verbreitung: die Rainer-Familie. Maria, Felix, Anton, Josef und Franz Rainer zogen schon seit 1824 auf ausgedehnten Tourneen durch Europa und traten mit großem Erfolg bei Hofe auf. In der zweiten Generation wurde der Sohn Marias, Ludwig Rainer (1821-1893), schon als 18-Jähriger zum bekanntesten Spross dieser weit verzweigten Sängerfamilie. Er gründete mit seiner Nichte Helene sowie mit Simon Hollaus und Margareta Sprenger eine Gruppe, die 1839, vermittelt durch einen französischen Agenten, als „Rainer Family" eine mehrjährige USA-Tournee antrat, wo sie mit den „family performances" ein bedeutsames Modell amerikanischer Musikausübung schufen.[126]

Knapp 100 Jahre also, bevor die österreichische Sänger-Familie Trapp („The Sound of Music") nach Amerika auswanderte und Furore machte und rund 150 Jahre bevor ein gewisser Hans Hölzel (1957-1998) aus Wien unter dem Künstlernamen Falco als erster deutschsprachiger Künstler mit seinem Song „Rock me Amadeus" am 20. März 1986 für drei Wochen Platz 1 der US-amerikanischen Billboard-Charts einnahm, brachten die Rainer-Sänger in den 1840er Jahren österreichisches Musikgut in die Neue Welt. Der renommierte Fonds zur Förderung der wissenschaftlichen Forschung (FWF), Österreichs zentrale Einrichtung zur Förderung der Wissenschaften, ließ von 2012 bis 2015 dieses Phänomen untersuchen. Voraussetzung für den großen Erfolg der „Rainer Family" war die Übersetzung der Tiroler Volkslieder (oder was dafür gehalten wurde) durch den Klaviervirtuosen Ignaz Moscheles ins Englische. Ihre englischsprachigen Programme brachten den Rainers sogar Einladungen ins britische Königshaus ein. Königin Victoria erwähnte sie in ihrem Tagebuch.[127]

1839 erreichten die Rainers nach 28 Tagen und zehn Stürmen[128] von Le Havre aus New York, vertieften sich dort zunächst sechs Wochen in die englische Sprache und traten in Kirchengemeinden auf. Bald schon wurde in den USA das „Business professionell aufgezogen, die Rainers engagierten einen Tourmanager, der kleinere Räume mietete. Die Auftritte wurden über Eintrittsgelder finanziert“[129]. Zu den Konzerten wurde über Zeitungsannoncen und durch Mund-zu-Mund-Propaganda eingeladen. Der Kopf der Truppe, Ludwig Rainer, konnte schon im Juli 1840 einen Wechsel im Wert von 2000 Franken, 1500 Gulden und 600 US-Dollar nach Hause ins Zillertal schicken.[130] Erst 1843 kehrte die Gruppe wieder zurück nach Europa. Im selben Jahr erschien eine von den handschriftlichen Aufzeichnungen Grubers und Mohr stark abweichende „Stille Nacht“-Fassung in dem in Leipzig verlegten Liederbuch „Musikalischer Hausschatz der Deutschen“ von Gottfried Wilhelm Fink, so dass davon auszugehen ist, dass das Lied zu diesem Zeitpunkt in den musikalischen Kanon des Bürgertums aufgestiegen war.

Durch das österreichische FWF-Forschungsprojekt sind die Auftritte der Rainer-Gruppe in den USA inzwischen gut dokumentiert. In Boston, einem der Musikzentren in den USA, nahm die Gruppe ihren Hauptstützpunkt. Ihre Tourneen führten bis tief in die Südstaaten. Die Rainers brachten auch erstmals das Jodeln in die USA, was die Amerikaner entzückte. Das Jodeln hatte nachhaltigen Einfluss auf die Country-Musik: der „Country-Yodel“ ist bis heute ein wichtiger Bestandteil dieses Genres. Der vierstimmige Gesang ist ein weiterer direkt in die amerikanische Musik eingeflossener Import aus Tirol. Er wurde in den Urformen des Barbershop-Gesangs adaptiert.

In den Listen der meistverkauften Musikdrucke jener Zeit zählen die Rainer-Lieder zu den Top drei. Die Gruppe stieg zu Stars auf, „die in einem Atemzug mit anderen populären Musikerpersönlichkeiten der Zeit wie Henry Russell, Henriette Sontag oder diversen Minstrel-Show-Gruppen genannt wurden“[131]. Nach 1850 entstand eine regelrechte Musikindustrie rund um das österreichische Liedgut in den USA, dessen Strukturen noch 1938 der letzten singenden österreichischen Familie in Amerika, den Trapps, zum Erfolg verhalfen.[132]

Ludwig Rainer wurde „zum wichtigsten Botschafter Tirols in Sachen Musik".[133] Nach den knapp fünf Jahren in den USA lebte er zehn Jahre von 1858 bis 1868 in Russland, tourte durch das Zarenreich und den Rest Europas bis nach Kleinasien und sorgte mit wechselnden Besetzungen seiner Ensembles für eine maximal mögliche Verbreitung der Tiroler Volkslieder. Das Engagement der Rainer-Sänger war enorm, fand ihr internationaler Erfolg doch zu einer Zeit statt, als es noch gar keine Tonträger gab. Erst 1877 wurde der Phonograph nach einer Erfindung von Thomas Alva Edison gebaut, der Durchbruch des Schallplattenspielers gelang Emil Berliner gar erst 1887.

Es ist sehr wahrscheinlich, dass die Rainers auch „Stille Nacht" im Repertoire hatten, nachweisbar ist es aber nicht. Ihre Tiroler Heimat, die Bedeutung des Liedes dort und seine inzwischen entstandene Popularität in Europa sprechen aber eindeutig dafür. Der in Tirol jedoch gern verbreitete Mythos, dass die Rainer-Sänger „Stille Nacht" erstmals auf amerikanischem Boden am Heiligen Abend 1839 in New York vor dem Alexander-Hamilton-Monument am Friedhof der Trinity Church gesungen haben sollen, ist quellenmäßig nicht belegbar.[134]

Dieser viel zitierten Legende nach haben sie vor dem Denkmal gesungen, weil die eigentlich vorgesehene Trinity-Church am westlichen Ende der Wall-Street in Manhattan abgebrannt sei. Die Musikwissenschaftlerin Sandra Hupfauf wies in ihrer 2016 erschienenen Dissertation akribisch nach, dass das zwar nicht ausgeschlossen, aber wenig plausibel ist. Erstens war die Kirche gar nicht abgebrannt, sondern im Winter zuvor durch eine große Schneelast schwer beschädigt worden. Zweitens gab es keinen nachvollziehbaren Grund, warum die Rainers vor dem Alexander-Hamilton-Monument hätten singen sollen. Denn nachweislich traten sie am Heiligen Abend 1839 im nahe gelegenen Apollo-Theater auf. Ob sie dabei „Stille Nacht" vortrugen, ist nicht bekannt.[135] Wir werden mit der Einsicht leben müssen, dass die Rainers das Lied wohl im Repertoire hatten, dass wir aber nicht genau wissen, wann „Stille Nacht" wirklich zum ersten Mal in den USA gesungen wurde.

Verbreitet wurde „Stille Nacht" in den dreißiger und vierziger Jahren des 19. Jahrhunderts in den USA jedenfalls auf unterschiedlichen Wegen. In dieser Zeit gab es erste größere Auswandererwellen aus dem Habsburgerreich in die Neue Welt. Zu den Auswanderern gehörten auch Angehörige der erwähnten Zillertaler Inklinanten, die mit „Stille Nacht" ein wichtiges Erbe aus ihrer Heimat in die USA brachten. Schon 1731 hatte eine andere Gruppe, die so genannten Salzburger Exulanten, aus Glaubensgründen ihre Heimat verlassen müssen und sich in der Nähe der Stadt Savannah in Georgia angesiedelt. Deren Nachfahren dürften „Stille Nacht", nachdem es einmal in den USA angekommen war, als kulturelles Bindeglied zu Österreich besonders gerne rezipiert und über ihre Kreise hinaus bekannt gemacht haben.

Einen weiteren Weg nach Übersee fand das Lied über den evangelischen Pastor Johann Hinrich Wichern aus Hamburg, den pietistisch beeinflussten Begründer der kirchlichen Sozialarbeit und eine der prägenden Figuren des deutschen Protestantismus im 19. Jahrhundert. Für verwahrloste und verwaiste Kinder aus den Elendsvierteln Hamburgs hatte Wichern 1833 eine Anlaufstelle gegründet, das „Rauhe Haus" in Horn, damals vor den Toren der Stadt gelegen. Neben der Unterweisung im evangelischen Glauben gehörte auch die Musikerziehung in den Stundenplan der 120 Heimkinder. So stellte der musikalisch hochgebildete Wichern, der selbst ein ausgezeichneter Pianist und Sänger war, ein Liederbüchlein für seine Schützlinge zusammen.

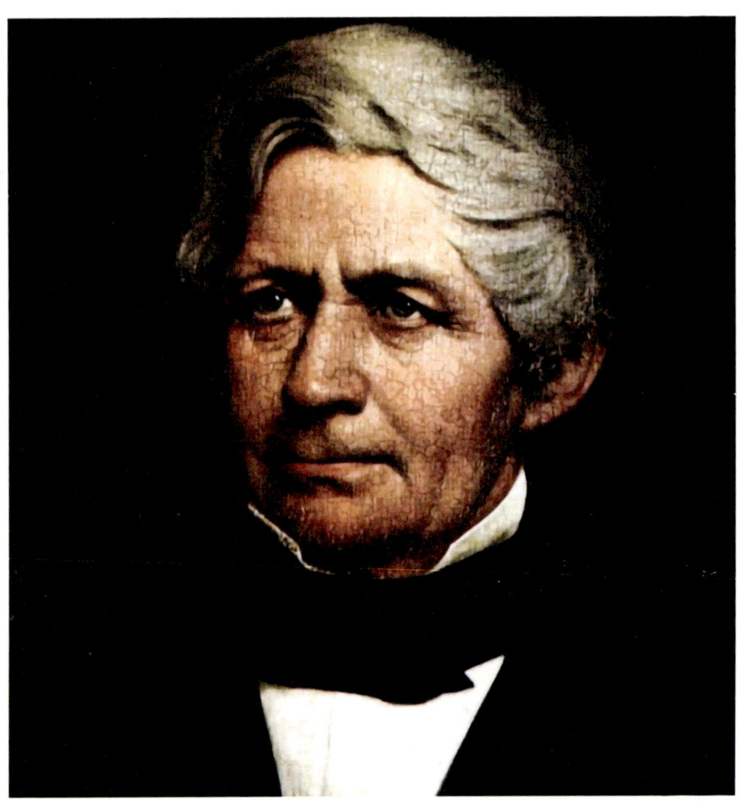

Johann Hinrich Wichern (1808–1881)

Als Nr. 11 taucht darin 1844 unser Lied auf – von Wichern allerdings gereinigt von allen inzwischen hinzugefügten musikalischen Verzierungen und Schnörkeln. Wichern muss Kenntnis von dem Lied über die sächsischen Drucke bekommen haben. Er selbst gab im Vorwort zu seiner Liedsammlung den Hinweis, dass er den „Abela" benutzt habe[136], ein Liederbuch, das auf Carl Gottlob Abela (1803–1841) zurückging, Gesangslehrer an den Francke'schen Stiftungen in Halle. Dort wurde „Stille Nacht" als „Weihnachtslied" geführt.

Wichern gilt nicht nur als Erfinder des Adventskranzes, sondern er griff auch massiv in Melodie und Text von „Stille Nacht" ein. Seine Veränderung war so weitreichend, dass sie das gesamte theologische Konzept Joseph Mohrs auf den Kopf stellte und Auswirkungen bis zum heutigen Tag hat: Er ersetzte den Namen „Jesus" durch den Titel „Christus". Aus „Jesus, der Retter ist da" wurde „Christ der Retter ist da", aus „Jesus in deiner Geburt" „Christ in deiner Geburt". Wir erinnern uns: Joseph Mohr hatte 1816 in seinem „Stille Nacht"-Gedicht achtmal von Jesus gesprochen, aber nicht ein einziges Mal von Christus. Damit bettete er das Gedicht in die Volksfrömmigkeit seiner Salzburger Heimat ein, in die Welt der Gnadenbilder, Wallfahrtsorte und Weihnachtskrippen, die den Gottesssohn ganz konkret als einen Menschen verehrte, der unter Menschen gelebt hat. Diese Gottesvorstellung von Jesus als Bruder, der mit den Menschen geht, mit ihnen leidet und ihnen nahe ist, hatte etwas ebenso Rührendes wie Banales. Auf jeden Fall war es ein menschenfreundliches und liebenswertes Gottesbild, es war der Jesus vor der Kreuzigung.

Wichern war das zu banal. Er entrückte den Gottessohn mit seiner Umwidmung im Liedtext in die Sphären des Himmels und damit in die Unendlichkeit. Mit dem Hoheitstitel Christus ist der Gottessohn nach der Auferstehung gemeint, der zur Rechten Gottes sitzt, um dereinst die Lebenden und die Toten zu richten. Jesus selbst hat in seiner Verkündigung diesen Titel nie verwendet, jedenfalls wird er in keinem der vier Evangelien so genannt. Er spricht von sich, wenn überhaupt, als vom „Menschensohn". In der protestantischen Christologie galt der Jesus-Name als theologisch weniger ausgefüllt als der heilsgeschichtlich bedeutendere Christustitel. Wichern folgte in seinem Texteingriff seinem Lehrer, dem Theologen und Philosophen Friedrich Schleiermacher, der strikt zwischen dem historischen Jesus und Christus als dem Heiland und Erlöser unterschieden hatte.

Außerdem änderte er die von den Zillertaler Sängern aus gesangstechnischen Gründen eingeführte Bezeichnung „das traute hochheilige Paar“ in „das traute so selige Paar“ um – er setzte gewissermaßen die Eltern Jesu eine Stufe herab, von heilig auf selig. Ihm waren offensichtlich theologische Bedenken gegenüber der Zuschreibung „hochheilig“ gekommen.

Die Änderungen, die Wichern am Text vornahm, waren so nachhaltig, dass er quasi als der dritte Autor des Liedes gelten muss. Sie wirkten sogar auf die katholische Kirche zurück: Während 1975 im ersten gemeinsamen katholischen Gebet- und Gesangbuch „Gotteslob“ für alle deutschsprachigen römisch-katholischen Bistümer mit Ausnahme der Schweiz und Liechtensteins im „Stille Nacht“Text (Lied Nr. 145) noch von „Jesus“ die Rede war, benutzt das komplett neu gefasste „Gotteslob“ von 2013 aus ökumenischen Gründen im Stammteil die evangelische „Christus“-Fassung Wicherns (Lied Nr. 249). Die Änderung des evangelischen Pastors ist damit endgültig in der katholischen Welt angekommen.

Im österreichischen Regionalteil des „Gotteslobs“ taucht „Stille Nacht“ heute allerdings noch ein zweites Mal auf (Lied Nr. 803) – und zwar in der Mohr'schen Urfassung mit „Jesus der Retter“ und sogar mit allen sechs Strophen – und das auch noch in Slowenisch, Burgenländisch-Kroatisch, Romani und Ungarisch. Damit ist „Stille Nacht“ im österreichischen „Gotteslob“ das einzige Lied, das auch in verschiedenen Fremdsprachen abgedruckt ist. Der Grund für diese zweite Lied-Version im österreichischen „Gotteslob“ ist der Tatsache geschuldet, dass für den Österreich-Teil eine andere Redaktion zuständig war als für den Stammteil. Die österreichische Redaktion unter Leitung des damaligen Erzbischofs von Salzburg, Alois Kothgasser, hat Wert darauf gelegt, dass im Regionalteil die Urfassung des Lieds mit allen Strophen abgedruckt wurde.[137]

Abgesehen von der Ausnahme im Österreich-Teil des „Gotteslobs“ hat sich der Name „Jesus“ seinen Platz im Liedtext nicht wieder zurückerobern können, nachdem er einmal von „Christus“ verdrängt worden war. Wicherns Version wurde zur deutschsprachigen Standardfassung. Michael Neureiter von der Stille-Nacht-Gesellschaft in Oberndorf ist der Auffassung, dass die „Christus“-Variante die Verbreitung des Lieds durchaus befördert habe.[138]

Immerhin kehrten Katholiken wie Protestanten zum ursprünglichen Titel „Stille Nacht“ zurück, denn Wichern hatte dem Lied kurzerhand auch seinen Namen geraubt: „Freude am Christkind“ hieß es bei ihm, und das passte gut zu den „Christfeiern“, die im „Rauhen Haus“ anstelle von Weihnachten gefeiert wurden und zu den „Christliedern“, wie die Weihnachtslieder dort hießen. Wichern trieb bei der Ausgestaltung der Feiern im Kirchenjahr stets auch ein erzieherischer Aspekt an, weshalb er auch für Weihnachten ein ganz eigenes Gepräge in seinem Sinn schuf, bis hin zu eigenen Bezeichnungen.

Im 1993 bis 1996 eingeführten Evangelischen Gesangbuch für Deutschland, Elsass-Lothringen, Österreich und Luxemburg ist unser Lied (Nr. 46) unter dem ursprünglichen Titel „Stille Nacht, heilige Nacht“ zu finden. Auch die theologische Herabstufung vom „trauten hochheiligen Paar“ zum „trauten so seligen Paar“, die Wichern vornahm, hatte keinen Bestand. Heute besingen Katholiken wie Protestanten das „traute hochheilige Paar“ in der ersten Strophe.

Das Büchlein „Unsere Lieder“ mit der veränderten „Stille Nacht“-Fassung erschien zu Lebzeiten Wicherns in nicht weniger als fünf Auflagen und fand weit über das „Rauhe Haus“ hinaus Verbreitung. Verantwortlich dafür waren Kreise des Hamburger Bürgertums, vor allem die Kaufmannschaft, die Wicherns sozialpädagogische Reformen unterstützten. Über die Kaufleute wurde das Liederbuch in die Welt hinausgetragen. Auch mittels der eigenen Bruderschaft des

„Rauhen Hauses“ – Helfer und Unterstützer bei der Arbeit mit den Kindern und Jugendlichen – gelangte das Liederheft in die USA. Wichern entsandte die „Brüder“ auch in verschiedene andere Rettungs- und Armenhäuser. Sie gingen schließlich als Pfleger, Stadtmissionare und Lehrer in die deutschen Länder, ins europäische Ausland und eben auch nach Übersee. 1856 waren neun dieser „Brüder“ als Kolonistenprediger in den Vereinigten Staaten[139] – das Liederbüchlein in der Tasche und zu Weihnachten in der Neuen Welt „Stille Nacht“ singend. Wie groß die Nachfrage nach dem Liederheft war, zeigten allein die hohe zweite Auflage von 1853 und auch die dritte von 1861: jeweils 5000 Exemplare.[140]

Für die Verbreitung des Liedes in Nord- und Südamerika ist der seit Mitte des 19. Jahrhunderts anschwellende Strom von Auswanderern aus Mitteleuropa von größter Bedeutung. Aus verarmten Landstrichen Deutschlands wie der Eifel oder dem Hunsrück zog es die Menschen massenhaft in die USA oder nach Brasilien. Hamburg und Bremerhaven wurden die wichtigsten deutschen Auswandererhäfen. Es ist anzunehmen, dass manche Familie, die vor dem Elend in der Heimat floh, Text und Noten von „Stille Nacht“ im materiellen oder ideellen Gepäck hatte.

Die erste Übersetzung ins Englische nahm John Freeman Young (1820–1885) vor, der spätere Bischof der anglikanischen Episkopal-Kirche von Florida. 1855 wurde Young Priester an eben jener Trinity-Church an der Wall Street in Manhattan, in deren Nähe die Rainers 1839 angeblich „Stille Nacht“ gesungen haben. In seiner Freizeit übersetzte der Geistliche deutschsprachige Lieder ins Englische, und darunter war zwischen 1855 und 1859 auch unser Lied: „Silent night! Holy night! All is calm. All is bright ...“ 1859 veröffentlichte Young ein schmales Liederbüchlein von 16 Seiten unter dem Titel „Carols for Christmas Tide“, mit dem „Stille Nacht“ erstmals gedruckt in den

USA auf Englisch vorlag. Young ging in seiner Übersetzung einen Mittelweg zwischen Mohr und Wichern und sprach sowohl von „Jesus“ als auch „Christ“. Seine Übersetzung ist die heute in den USA am weitesten verbreitete.

„Stille Nacht“ fand treue Anhänger in den Vereinigten Staaten. Viele Auswandererfamilien und ihre Abkömmlinge hingen daran und hielten über das zu jedem Weihnachtsfest in der deutschen oder englischen Version gesungene Lied die Verbindung nach Europa. Die USA sind das Land der Welt, in dem „Stille Nacht“ in den meisten Sprachen gesungen wird, nämlich in rund 50.[141] Laut „Christian Music Directory“ war „Stille Nacht“ bereits Anfang der neunziger Jahre des 20. Jahrhunderts in 300 Liederbüchern allein in englischer, deutscher und spanischer Sprache in den USA abgedruckt.[142]

Als das Lied 1943 mitten im Zweiten Weltkrieg seinen 125. Geburtstag feierte, ging dieses Jubiläum in Europa in den Kriegswirren völlig unter; in den USA aber gab es eine Sonderbriefmarke. Zwei Jahre zuvor hatte eine Gruppe von Österreichern auf der Terrasse des Weißen Hauses in Washington „Stille Nacht“ für Präsident Franklin D. Roosevelt gesungen, um für Österreich zu werben.[143] Nach dem Zweiten Weltkrieg ersang sich die erwähnte Trapp-Familie in den USA Carepakete für die notleidende österreichische Heimat.

1992 wurde in der Stadt Frankenmuth in Michigan eine originalgetreue Kopie der Oberndorfer Stille-Nacht-Kapelle gebaut, in der „Stille Nacht“ in Endlosschleife läuft. Nicht weniger als zwei Millionen Besucher aus mehr als 120 Ländern erinnern sich dort Jahr für Jahr in „Bronner's Christmas Wonderland“, der weltweit größten Weihnachtsausstellung, an das berühmteste Weihnachtslied und seinen Ursprung im Salzburger Land.[144] Im Christmas-Wonderland ist 361 Tage im Jahr Weihnachten. Geschlossen ist es nur (ausgerechnet!) an Heiligabend sowie an Neujahr, Ostern und Thanksgiving. Nach eigenen Angaben sind 50.000 Weihnachtsartikel ständig vorrätig, darunter auch „Stille Nacht"-Aufnahmen in vielen Variationen.

Seit Mitte des 19. Jahrhunderts ist „Stille Nacht" auch in Mexiko und Kanada bekannt. Nach Mexiko kam es vornehmlich über katholische Missionare und wurde ins Spanische und in indianische Sprachen übersetzt, nach Kanada über Auswanderer. Franzosen verpflanzten es in die Provinz Québec, Ukrainer nach Alberta und Chinesen brachten es aus ihrer Heimat, wo es längst angekommen war, nach British-Columbia.

Nach Österreich kehrte es 1873 als „Choral of Salzburg" zurück, als der Opernsänger Joseph Bletzacher ein Notenblatt mit dieser Bezeichnung in einem auf der Wiener Weltausstellung nachgebauten nordamerikanischen Schulhaus fand.[145] Zu dem Zeitpunkt war es bereits in ganz England, Schweden und Britisch-Indien bekannt. Und natürlich wurde es auch im Heiligen Land gesungen, wie der spätere Erzabt des Benediktinerstifts St. Peter in Salzburg, Pater Petrus Klotz, auf einer Orientreise „in solcher Ferne von der Heimat, in so gottnaher Umgebung, in so stiller Einsamkeit" tief bewegt notierte.[146]

Im Deutsch-Französischen Krieg 1870/71 musste „Stille Nacht" zum ersten Mal für nationale Propaganda herhalten. Auf Drängen der deutschen Militärs wurden in allen Quartieren, Lazaretten und an allen Frontabschnitten Weihnachtsbäume aufgestellt und die „deutsche Tanne" als Symbol des „deutschen Wesens" gepriesen. Gleiches galt auch für „Stille Nacht", dessen Missbrauch für propagandistische Zwecke fortan in praktisch jeder kriegerischen Auseinandersetzung festzustellen ist. Friedenssehnsucht, Familienkultur, Nationalstolz verschmolzen mit einer gehörigen Portion Chauvinismus zu einem allgemeinen Gefühl, an dem Menschen im ganzen Deutschen Reich Anteil hatten und das auch in „Stille Nacht" seinen Ausdruck fand.

Im Jahr 1873 kam es in der Heimat des Liedes zu einem bizarren Urheberstreit. Seit knapp zwei Jahrzehnten waren die Namen der Urheber bekannt, und der Geistliche Sebastian Rußegger spekulierte, ob nicht vielleicht Mohr neben dem Text auch die Melodie geschaffen haben könnte. Seine hohe musikalische Begabung stand ja außer Frage. Die Salzburger Presse griff diese These begierig auf und witterte eine Story. Der Sohn des Komponisten, Felix Gruber, sah sich veranlasst, die Dinge klarzustellen. Der Dechant von Tamsweg, Andreas Winkler, wurde zum Kronzeugen für Gruber, denn er gab zu Protokoll, dass er als junger Priester Mohr selbst habe sagen hören, die Melodie sei von Gruber.[147] Doch die Zweifel konnten zunächst nicht ausgeräumt werden. 1896 und dann noch einmal kurz vor dem Zweiten Weltkrieg entbrannte der Streit erneut. Heute steht fest, dass Mohr der Textdichter ist und Gruber der Komponist. Auch der Berliner Volksliedforscher Ludwig Erk hatte in einer mühsamen Spurensuche und – obwohl er seit 1857 Königlicher Musikdirektor war – kurioserweise ohne von der „Authentischen Veranlassung“ Grubers zu wissen, die Urheberschaft von „Stille Nacht“ rekonstruiert. 1874 konnte er in seiner Schrift „Weihnachtslieder aus älterer und neuester Zeit“ Gruber und Mohr als Autoren nennen.[148]

Dass die Verfasser lange Zeit unbekannt blieben, hatte das Herumfuhrwerken ganzer Generationen am Lied befördert. Und noch etwas trug zu den Veränderungen über die Zeit bei, nämlich „die Traditionsmechanismen der Volkskunst mit ihrer mündlichen und schriftlichen Variantenbildung, der Tiroler Folklore-Tourismus und die Verpflanzung des im Katholizismus beheimateten Liedes in das protestantische Umfeld Mittel und Norddeutschlands, vor allem aber seine Anpassung an die bürgerlichen Familienvorstellungen der Biedermeierzeit“[149], wie der Kirchenmusik-Professor Wolfgang Herbst anmerkte. Gerade die Herausbildung der bürgerlichen Kleinfamilie, der ein religiös-idyllisches Bild der „Heiligen Familie" als Ideal gegenübergestellt wurde, fand in dem Lied einen weihnachtlichen Ausdruck. Auch wenn es um drei Strophen gekürzt worden ist und insbesondere die vierte Strophe, die „Völkerverständigungsstrophe" längst vergessen war, etablierte sich „Stille Nacht" rasch als politisches Friedenslied, das seinen Weg von der Kirche in das bürgerliche Wohnzimmer und weit darüber hinaus fand.

Dazu gehörte auch sein Gebrauch im Ersten Weltkrieg. Schon die erste Kriegsweihnacht – es waren bereits über eine Million Soldaten auf beiden Seiten an der Westfront gefallen oder verwundet worden – bekam durch das Lied ihr eigenes Gepräge. Am 24. Dezember 1914 wurde es still in den Unterständen und im Feld. Vielerorts an der Front wurden auf den Schulterwehren der Schützengräben kleine Weihnachtsbäume aufgestellt und angezündet. Die Waffen ruhten, die Soldaten legten ihre Helme nieder und sangen auf beiden Seiten in ihrer jeweiligen Muttersprache „Stille Nacht". Man lauschte gegenseitig über das Schlachtfeld hinweg und staunte, dass da drüben Menschen waren, die ebenfalls Friedenssehnsucht in ihrem Herzen hatten.

Der Journalist und Autor Michael Jürgs hat in seinem Buch „Der kleine Frieden im Großen Krieg. Westfront 1914: Als Deutsche Franzosen und Briten gemeinsam Weihnachten feierten" plastisch beschrieben, wie das Lied am Heiligen Abend 1914 plötzlich über den Schützengräben erklang: „Anfangs ist es nur einer, der ‚Stille Nacht, Heilige Nacht' vor sich hin singt. Leise klingt die Weise von Christi Geburt, verloren schwebt sie in der toten Landschaft Flanderns. Doch dann brandet Gesang wie eine Welle übers Feld, um Schulterwehr und Schulterwehr und von der ganzen langen dunklen Linie der Schützengräben klang es empor: ‚Schlafe in himmlischer Ruh'." Diesseits des Feldes, hundert Meter entfernt, in den Stellungen der Briten, bleibt es ruhig. Die deutschen Soldaten aber sind in Stimmung, Lied um Lied ertönt ein Konzert aus ,Tausenden von Männerkehlen rechts und links', bis denen nach ,Es ist ein Ros entsprungen' die Luft ausgeht. Als der letzte Ton verklungen ist, warten die drüben noch eine Minute, dann beginnen sie zu klatschen und ,Good, old Fritz' zu rufen und: ,Encore, encore', ,More, more'. Zugabe, Zugabe."[150] Damit begann eines der bizarrsten Weihnachtsfeste der Geschichte – das Abschlachten pausierte. Der Obersten Heeresleitung gefiel das nicht. In den folgenden Jahren wurden akustische Verbrüderungen bei Todesstrafe verboten.[151]

Auch in der Heimat fernab der Front spielte das Lied im Ersten Weltkrieg eine Rolle, und zwar umgeschrieben für die Einsatz in der Kriegspropaganda:

„Stille Nacht, heilige Nacht,
Deutschlands Wehr fern auf Wacht,
denket heim an Weib und Kind,
die heut wieder einsam sind
in der heiligen Nacht."[152]

Eine andere Umdichtung gab es eigens für Kriegstrauungen:

„Eiserne Zeit, du hast geweiht
viele, die kriegsbereit
feierlich schlossen den ehelichen Bund
und geloben mit Herzen und Mund
Treue im Glück wie im Leid."[153]

Der „Stille Nacht"-Forscher Alois Leeb hat eine Vielzahl solcher Variationen zusammengetragen, die sich heute im Stille-Nacht-

Archiv in Hallein befinden.[154] Insgesamt gibt es wohl um die 50 Kontrafakturen. Darunter finden sich verschiedene protestantische und nichtchristliche Varianten, Pilgerfassungen oder auch die an der Wende vom 19. zum 20. Jahrhundert entstandene sozialdemokratische „Arbeiter Stille Nacht“ von Bolelaw Strzelewicz, deren Grundton nicht heilig, sondern traurig ist:

„Stille Nacht, traurige Nacht,
ringsumher Lichterpracht!
In der Hütte nur Elend und
Not, kalt und öde, kein Licht und kein Brot,
schläft die Armut auf Stroh.“[155]

In der Zeit der nationalsozialistischen Herrschaft von 1933 bis 1945 wurde das Weihnachtsfest in nie dagewesener Form politisiert. Ziel war die Umdeutung der Feier von Christi Geburt zu einem auf germanischen Wurzeln fußenden „deutschen“ Fest. In den nationalsozialistischen Weihnachtsliedern ging es um Mütterkult und Heldengedenken. „Stille Nacht“ passte da erst einmal nicht hinein. Weil das Lied aber die Familie und ihre Bräuche nachhaltig durchdrungen hatte, blieb das Lied vor dem Zugriff der neuen Machthaber geschützt. Die Musik gewordene Innerlichkeit von „Stille Nacht“ mit seiner Gemütstiefe auszulöschen, ist den Nationalsozialisten nicht gelungen. Sie versuchten vielmehr, es ab 1936 durch die linientreue Neuschöpfung „Hohe Nacht der klaren Sterne“[156] des erst 22 Jahre alten Lyrikers und NS-Funktionärs Hans Baumann zu ersetzen. Naturmystik, Mütterkult und Neugeburt sind seine Inhalte, die Bildsprache ist deckungsgleich mit der Propaganda des Dritten Reichs. Baumanns Komposition gab 1938 dem Weihnachtsliederbuch der Reichsjugendführung den Titel und wurde sehr populär. Wer in den dreißiger und vierziger Jahren des 20. Jahrhunderts in Deutschland lebte, kannte es. Bei parteiamtlichen Weihnachtsfeiern und bei Wintersonnenwendfeiern wurde „Hohe Nacht der klaren Sterne" als krönender Abschluss gesungen, gleichsam als „Inbegriff einer neuen Ausdeutung des Fests"[157], denn diese Veranstaltungen waren das Gegenteil vom Rückzug ins Private, für das „Stille Nacht" stand. Das „kalte Pathos"[158] von „Hohe Nacht der klaren Sterne" konnte jedoch „Stille Nacht" nicht verdrängen. Auch deshalb versuchten die Nationalsozialisten, „Stille Nacht" wenigstens umzudichten, wenn sie es schon nicht verbieten konnten. Dabei wurde die „himmlische Ruh" von Joseph Mohr zur kriegerischen Wachheit bei Tag und bei Nacht:

„Stille Nacht, heilige Nacht
Deutschlands Söhne halten Wacht,
In den Schützengräben verschneit
Liegen wir Mann für Mann bereit,
lauern bei Tag und bei Nacht."[159]

Die Mühe war vergeblich. Die Machthaber sahen ein, dass „Stille Nacht" weder auszumerzen noch umzudichten war. Zu innig, zu schön kam darin die Seele des Menschen und seine Sehnsucht nach Frieden zum Ausdruck. Weihnachten 1942, als das Dritte Reich seine größte Ausdehnung erreicht hatte, erklang das Lied daher sogar ganz offiziell im Reichsrundfunk, und zwar mit den hergebrachten und nicht umgedichteten Versen. In einer mit größtem technischem Aufwand produzierten Live-Sendung wurden Soldaten der Wehrmacht von allen Fronten – vom Eismeer bis Nordafrika, vom Atlantik bis nach Stalingrad und Leningrad – zusammengeschaltet und sangen für die tief berührten Hörer an den Volksempfängern in der Heimat „Schlafe in himmlischer Ruh' …".

In den letzten Kriegsjahren, als es immer schlechter um den von Hitler und Goebbels in Aussicht gestellten „Endsieg" stand, wurde „Stille Nacht" schließlich zum Gemeinschaftssymbol eines letzten propagandistischen Aufgebots, dessen eskapistischen Wert die Nationalsozialisten nun erst erkannt hatten und den sie für sich zu nutzen versuchten. Goebbels und seine Helfer spannten es für die Zwecke der Parteiführung ein. „Stille Nacht" wurde so zu einer Ablenkung aus einer Realität, die für die meisten Menschen, die unter Krieg, Vernichtung und Terror leiden mussten, kaum mehr erträglich war. So manches „Stille Nacht" dürfte gerade in den letzten Kriegsjahren an der Front und in der Heimat gesungen worden sein, um wenigstens für einige Minuten in weihnachtlicher Stimmung dem Wahnsinn der Wirklichkeit zu entfliehen, verbunden mit dem Wunsch, diesen Krieg zu überleben.

Das Konkurrenzlied „Hohe Nacht der klaren Sterne" überstand bizarrerweise den Zusammenbruch des Dritten Reichs. Weil die Ost-Berliner Führung verboten hatte, christliche Weihnachtslieder im Advent in Kindergärten zu singen, griffen Erzieherinnen in der DDR auf nationalsozialistisches Liedgut zurück – unter anderem eben auch auf „Hohe Nacht der klaren Sterne", das im neuen sozialistischen Staat auf deutschem Boden mit seiner Botschaft offensichtlich anschlussfähig war.[160]

Die DDR ließ bald auch wieder „Stille Nacht" zu, dichtete es aber in ihrer Überzeugung, dass der Mensch allein Friede schaffe, ebenfalls um – wie diese Version von 1971 zeigt:

„Stille Nacht! Traurige Nacht!
Ringsum herrscht Geldsacksmacht,
und man zahlt der Mühe zum Lohn
nach wie vor nur Hungers Lohn,
steckt den Mehrwert ein!"[161]

In der Bundesrepublik Deutschland machten sich Liedermacher über „Stille Nacht“ in zuweilen bösen und despektierlichen Texten her. Hier ein Beispiel von Dieter Süverkrüp, einem der Gründerväter der westdeutschen Liedermacherbewegung:

„Stille Nacht, heilige Nacht!
Weihnachtsgeld wird gebracht
Durch Herrn Ruprecht vom Lo-honbüro.
Schweigend geht die Belegschaft zum Klo,
zählend wie viele Krümel
gnädig vom Herrntisch gefalln.“[162]

In einen krassen Gegensatz von Friedensbotschaft und politischer Realität stellte das berühmte amerikanische Folk-Rock-Duo Simon and Garfunkel „Stille Nacht“ auf seinem Album „Parsley, Sage, Rosemary and Thyme“ von 1966: Als „7 O'Clock News/Silent Night“ unterlegten Paul Simon und Art Garfunkel die englische Stille-Nacht-Version mit der Stimme eines Nachrichtensprechers, der teilnahmslos die Toten- und Verwundetenzahlen eines einzigen Tages aus dem Vietnam-Krieg herunterzählt. Schlimmer konnte das im Lied besungene Ideal nicht an der Vietnamkriegswirklichkeit der sechziger Jahre zerschellen.

In Österreich diente „Stille Nacht“ nach dem Zweiten Weltkrieg als Baustein einer eigenen nationalen Identität. Österreich sah sich in der Nachkriegszeit wieder gern als das „Land der Musik“ und versuchte an seine kulturellen Traditionen anzuknüpfen, die „zumindest teilweise den Anteil Österreichs an der jüngsten Geschichte abschwächen helfen“[163] sollten. Nicht verwunderlich, dass ein amerikanischer Besucher der Oberndorfer Stille-Nacht-Kapelle 1950 ins dortige Gästebuch schrieb: „Vergesst nicht, Amerikaner, dass dies

Österreichs wertvollstes Geschenk ist – nicht nur für euch, sondern für die ganze Welt. Hat jemals ein Land Besseres gegeben?“[164]

Für Maßnahmen der Völkerverständigung bot sich das weltweit bekannteste aus Österreich stammende Weihnachtslied idealerweise an. Selbstverständlich wurde es gesungen, wann immer sich die Gelegenheit bot, um zu unterstreichen, dass Österreich Teil der friedliebenden Völkergemeinschaft sein wollte: beim gemeinsamen Auftritt eines einheimischen und eines amerikanischen Soldatenchores 1952 im Mozarteum in Salzburg ebenso wie bei einer internationalen Weihnachtsfeier mit 14 Nationen in Oberndorf im selben Jahr. „Stille Nacht“ war natürlich auch Teil einer österreichischen Weihnachtsausstellung in Washington ebenfalls im Jahr 1952.

Nicht nur ernst gemeinte und parodistische Kontrafakturen sowie kontrastierende Kontexte gehören zur Geschichte des „ewigen Liedes“ (das übrigens zu allen Zeiten von der weitaus großen Mehrheit der Sänger mit seinem eigentlichen Text und im eigentlichen Sinne verwendet wurde), sondern auch zum Teil harsche Kritik wurde an „Stille Nacht“ selbst geübt. Ironischerweise kam die heftigste Kritik zunächst aus der katholischen Kirche selbst, in der es ja entstanden war. Im ausgehenden 19. Jahrhundert hatte dort eine Bewegung eingesetzt, die die Kirchenmusik wieder auf die Gregorianik zurückführen und die Verbindung zwischen Kirchenmusik und Liturgie stärken wollte. Sprachrohr dieser Bewegung war der 1868 in Bamberg gegründete Allgemeine Cäcilien-Verein (ACV). Er kritisierte die Verweltlichung der Kirchenmusik in der Zeit der Klassik und der Romantik. Dass das „Stille Nacht“-Lied, das mit seiner Verbreitung rund um den Globus eine derartige Verweltlichung erfahren hatte wie kein anderes Stück Kirchenmusik, machte es naturgemäß zum bevorzugten Objekt der Kritiker. Der Mainzer Domkapellmeister Georg Weber beispielsweise und Franz Haberl aus Regensburg verwarfen seine

„verfehlte Komposition“[165]. Das Lied sei lediglich ein „Schlummerlied“[166], religiös ohne Aussage, poetisch naiv und unbeholfen und werde dem Geheimnis der Weihnacht nicht gerecht.[167]

Diese ätzende Kritik schoss freilich über das Ziel hinaus. Mohr goss zwar keine tiefen dogmatischen Gedanken, und er feilte auch in seinem Text nicht die christologische Festidee aus, seinem Werk aber vollkommen jede christliche Absicht abzusprechen, ist abwegig. Denn tatsächlich finden sich alle Gedanken des Textes von „Stille Nacht“ im liturgischen Weihnachtsoffizium, und ein Textvergleich zeigt, dass der religiöse Inhalt des Liedes nicht nur der Bibel entspricht, sondern auch vom Weihnachtsoffizium gedeckt wird.

Der Eichstätter Domkapellmeister Wilhelm Widmann (1858 – 1939) hatte 1902 erstmals die Gedanken von „Stille Nacht“ mit dem Weihnachtsoffizium konfrontiert und festgestellt, dass sie „vollkommen korrekt“ seien. Dem Lied seien „im höchsten Grade die Eigenschaften eines katholischen Kirchenliedes zuzuerkennen“[168]. Die Musik hingegen begeisterte ihn weniger: Sie sei „höchst einfach und fasslich, ohne tief oder meisterhaft zu sein“. Aber er schlussfolgerte: „So wie die Krippe mit ihrem Zubehör in der Kirche Platz haben darf, gehört auch unser Weihnachtslied in die Kirche, eignet sich aber wegen des musikalischen Rhythmus nicht für Massengesang und große Kirchen, sondern nur für kleine Verhältnisse.“[169]

Später kam die Kritik aus einer ganz anderen Ecke, nämlich vornehmlich von jungen Menschen, die sich schon in der Gründerzeit immer weniger mit dem tradierten Weihnachtsliedbestand identifizieren wollten. Dann waren es die Singbewegungen des frühen 20. Jahrhunderts, beispielsweise der „Wandervogel“, die den hergebrachten Kanon weihnachtlicher Lieder ablehnten. Ihnen galt vor allem „Stille Nacht“ mit seiner „heilen Welt“ nach dem Ersten Weltkrieg als haltlos. „Stille Nacht“ gehörte inzwischen derart fest zum bürgerlichen Familienleben, zur Schule und zu Vereinen, dass Kritik an dem Lied durchaus als Kritik an diesen Institutionen als solchen aufgefasst werden konnte.

Nicht nur von der Singbewegung und der kirchenmusikalischen Erneuerung im evangelischen Bereich zwischen 1920 und 1950 wurde „Stille Nacht" strikt abgelehnt, sondern auch von Teilen der Evangelischen Kirche. In den Stammteil des Evangelischen Kirchengesangbuchs von 1950 wurde es nicht aufgenommen. Einzelne Landeskirchen druckten es jedoch in ihrem Regionalteil ab, dabei wurde der Text aber zum Teil drastisch verändert. Nirgendwo wurden die Vorbehalte so deutlich geäußert wie im Evangelischen Kirchengesangbuch Baden von 1951 (Nr. 406): Dort wird bedauert, dass das „sich großer Beliebtheit erfreuende Stille-Nacht-Lied weithin die gehaltvolleren evangelischen Weihnachtslieder verdrängt habe"[170]. Im badischen Gesangbuch ist nur noch vom „heiligen Elternpaar" die Rede, nicht mehr vom „hochheiligen Paar". Und das als peinlich empfundene Lockenhaar des Jesuskindes verschwand ebenfalls. So lautete die Textstelle in Baden: „Alles schläft, einsam wacht nur das heilige Elternpaar, das im Stalle zu Bethlehem war, bei dem himmlischen Kind."

Die um das Weihnachtsfest betriebenen Familienrituale waren insbesondere der 1968er-Generation ein Dorn im Auge. Sie probierte neue Lebensformen aus, ging an die Grenzen der persönlichen Autonomie, setzte sich kritisch mit dem kirchlichen Leben und seinen Ausdrucksformen auseinander. Für „Stille Nacht" war da kein Platz. Mit der zunehmenden Verdunstung des Glaubens in Deutschland spätestens seit den siebziger Jahren wurden vielen Menschen weihnachtliche Bräuche fremd. Familiäre Traditionen brachen ab, Hausmusik spielte in den meisten Familien keine Rolle mehr. Die Besinnlichkeit des Heiligen Abends und die Stille der Weihnachtsfeiertage wurden für viele Menschen in einer Gesellschaft, in der in manchen

Großstädten in einem Drittel der Haushalte Singles leben, eher zu einer Belastung, ja zu einer alljährlich wiederkehrenden Bedrohung. „Stille Nacht" verlor damit mehr und mehr seine eigentliche positive Bedeutung als das die Familie verbindende Weihnachtslied, aber auch im negativen Sinne seine Bedeutung als musikalischer Ausdruck eines weihnachtlichen Ausschließens der Welt aus der Sphäre der Familie zu den Feiertagen. Je mehr es auf die Weihnachtsmärkte und in die Einkaufszentren abwanderte, desto mehr fiel es der Kommerzialisierung und der Verkitschung anheim.

Beim Stichwort Kommerzialisierung ist auch die Verwendung des „Stille Nacht"-Stoffs im Film zu erwähnen. Schon 1934 entstand eine – unter den damaligen politischen Verhältnissen bemerkenswerte – deutsch-schweizerische Koproduktion unter dem Titel „Das unsterbliche Lied". Dieser Film geriet aber in Vergessenheit, eine einzige Nitro-Kopie überstand den Zweiten Weltkrieg, gelangte als Beutegut nach Polen und schlummerte schließlich bis zu ihrer Wiederentdeckung 1989 in einem DDR-Filmarchiv. Nach der Restaurierung wurde dieser Film 1996 in Salzburg wiederaufgeführt.

Die Entstehung dieser ersten „Stille Nacht"-Verfilmung, die nicht so recht in die NS-Propaganda passte, ist umso erstaunlicher, weil der Regisseur und Hauptdarsteller Hans Marr zuvor in einem NS-Film den Wilhelm Tell gespielt und Aufnahmeleiter Theo Kaspar sogar an dem Propagandastreifen „SA-Mann Brand" mitgewirkt hatte.[170] Gedreht wurde im Frühjahr 1934 im Schweizer Jungfrauenmassiv, in den bayerischen Alpen und in Salzburg. Im Kern geht es um die Liebesgeschichte zwischen einem Salzachschiffer und einer Gastwirtstochter, die direkt nichts mit dem Lied zu tun hat und die das biblische Motiv der Herbergsuche improvisiert, womit die Verbindung zu Weihnachten hergestellt wird. Zur ersten Szene, einem Hochamt im Salzburger Dom, wurden nicht weniger als 1000 Statisten aufgeboten, sogar der langjährige Landeshauptmann Franz Rehrl und Weihbischof Johannes Baptist August Filzer waren dabei und gaben den Aufnahmen einen offiziellen Anstrich. Kurioserweise verkörperte Felix Gruber junior, der Enkel von Franz Xaver Gruber, in dem Film seinen Großvater. Felix Gruber war Konzertsänger und in Bezug auf die Schauspielerei ein blutiger Laie.[171] „Das unsterbliche Lied", so urteilte der Salzburger Journalist und Filmkenner Christian Strasser, war „ein naiver Versuch, dem ‚Stille Nacht'-Motiv mit einer Mischung aus Szenen, die das ‚wahre Volkstum' zeigen (mit Großaufnahmen markanter Physiognomien und einer Wirtshausrauferei), einer krampfhaften Mythologisierung des Volkshelden Andreas Hofer, frömmelnder Ergriffenheit gegenüber der Amtskirche und handwerklichem Dilettantismus gerecht zu werden. Die sichtliche Bemühtheit der Akteure, mit der ‚großen Geste' die Bedeutung der Ereignisse zu unterstreichen, erinnert an die Stummfilmsprache und vermittelt heute den Eindruck, als würde der Schauspielstab unter Einfluss von reichlich Valium agieren. Gruber und Mohr sind in diesem Streifen bloß Staffage."[172]

Für eine amerikanische Fernseh-Adaption von „Stille Nacht" konnte US-Regisseur Daniel Mann 1967 den bekannten englischen Schauspieler James Mason („Rommel, der Wüstenfuchs", „Der unsichtbare Dritte", „Lolita") gewinnen. Mason spielte in dem Film „Silent Night" Franz Xaver Gruber. Das Drehbuch schrieb der Schriftsteller und Deutschland-Kenner Christopher Isherwood (sein Roman „Leb wohl Berlin" war die Vorlage für den Musical-Welterfolg „Cabaret"). Der Film bemühte die bekannten Legenden, die sich um die Entstehung von „Stille Nacht" ranken, und sparte auch nicht mit Gefühlsduselei – wenn etwa deutsche Soldaten im Schützengraben 1915 oder amerikanische Offiziere in einer Bombennacht in England 1944 das Lied singen. Und auch das noch: Die Lausbuben Rudi und Hansi lassen in der Kirche von Oberndorf vier Mäuse frei, die natürlich den

Blasebalg der Orgel anknabbern. Für die putzige Story schien die Mäuselegende wie geschaffen.[173] Regisseur Daniel Mann holte jedenfalls aus der Legendenkiste alles heraus, was er finden konnte, so dass dieser Film trotz seines selbst formulierten hohen Anspruchs den historischen Ereignissen nicht gerecht wird.

Auch in der Verfilmung des „Stille Nacht"-Stoffes durch die deutsche Regisseurin Monica Teuber unter dem Titel „Magdalene" bzw. „Silent Night" ging es 1988 mehr um ein Fantasieprodukt als um die Nachzeichnung realer Ereignisse. Zumindest gab Teuber, die zuvor in Spaghetti-Western, aber auch in Fassbinder-Filmen gespielt hatte, das offen zu: „Vor vier Jahren verbrachte ich den Winter in der Karibik. Nummer 1 der Hitparade in ‚Radio Caribic' war der ‚Holy Night Calypso'. Da hats bei mir gefunkt: Wenn ein Lied auf der ganzen Welt gespielt wird, möchten die Leute doch gerne wissen, wo das Lied herkommt und wer es komponiert hat. In meinem Film vermische ich historische Fakten mit einer Rahmenhandlung und Personen aus meiner Phantasie."[174] Und so entstand ein wirrer Plot, in dem Steve Bond in der Rolle von Joseph Mohr von einer Dorfhure (Nastassja Kinski) versucht wird. Als die Umrisse dieser Handlung bekannt wurden, brach in Österreich ein Proteststurm los. Das Boulevardblatt „Neue Kronen Zeitung" sprach von „Stöhnen im Schnee", die „Salzburger Volkszeitung" schrieb, Mohr werde „liebestrunken, stöhnend und küssend gezeigt, wie er sich mit Geliebten im Schnee wälze".[175] Im deutschen Sprachraum wurde der Film nie aufgeführt, in den USA kam er über den Vertrieb in Videotheken nicht hinaus.

Ein auf ganz andere Weise drastisches Bild zeichnete Regisseur und Drehbuchautor Franz Xaver Bogner zehn Jahre später in dem Fernsehfilm „Das ewige Lied" mit Tobias Moretti in der Hauptrolle und Michael Mendl in einer Nebenrolle als Salzachschifferhauptmann. Bogner thematisierte die sich verschärfende soziale Situation der Salzachschiffer nach der Teilung des Landes Salzburg. Sie sahen sich dem gewissenlosen Geschäftsmann Burgschwaiger ausgesetzt, der sie durch den Bau einer Eisenbahnlinie buchstäblich ausbooten und um ihre Existenz bringen will. Mohr wird zum „Befreiungstheologen" und zum Sozialrevolutionär für die Salzachschiffer, als er erkennt, dass sein Vorgesetzter Pfarrer Nöstler gemeinsame Sache mit Burgschwaiger macht – auch eine subtile Kritik des Regisseurs an der katholischen Amtskirche, die gerne auf der Seite der Mächtigen steht. Dass das „Stille Nacht"-Lied am Ende alle sozialen Konflikte auflöst und sogar einer Stummen wieder die Sprache zurückbringt, ist ein allzu einfältiges Ende dieses Austro-Westerns, der mit teilweise grandiosen Gebirgspanoramen besticht, die allerdings allesamt nicht an den Originalschauplätzen rund um Oberndorf eingefangen wurden, wo es gar kein Gebirge gibt, sondern in Kärnten und in Osttirol.

2012 entstand der bislang letzte „Stille Nacht"-Film, der den wahren Ereignissen 1818 am nächsten kommt. Es handelt sich bei „Stille Nacht" um eine US-Produktion, bei der der österreichische Filmemacher Christian Vuissa das Drehbuch schrieb und die Regie führte. Der Film kam Ende November 2013 in die deutschen und österreichischen Kinos. Er hält sich streng an die historischen Fakten, schmückt diese allerdings mit der Geschichte eines kranken Jungen aus, um den sich Joseph Mohr (Carsten Clemens) rührend kümmert, der aber dennoch stirbt. Der Regisseur treibt den Konflikt zwischen Mohr und Nöstler (großartig gespielt von Aap Lindenberg) auf die Spitze und zeigt den Ortspfarrer als einen diabolischen alten Mann, der in seinen konservativen Überzeugungen festgefahren ist und dabei jegliches soziales Gewissen fahren lässt. Die Figuren sind liebevoll und authentisch gestaltet, das Szenenbild gewinnt Armut und Schmutz noch etwas Erhabenes ab. Dass die Geschichte überaus fromm daherkommt, mag auch daran liegen, dass es sich bei diesem Film um eine Co-Produktion mit dem US-Kabelfernsehsender BYU TV handelt, der den Mormonen gehört.

Filmexperte Strasser urteilte 2002 über die bisherigen Versuche, die „Stille Nacht"-Geschichte in Szene zu setzen: „Kein einziger Film konnte jedoch bislang die Ansprüche einlösen, die Historiker, Musikwissenschaftler und Heimatkundler in Bezug auf historische Genauigkeit an die Verfilmungen der Lebensgeschichten von Joseph Mohr und Franz Xaver Gruber stellen."[176] Der bislang mit Abstrichen gelungenste Versuch war der von Christian Vuissa von 2012, den Strasser bei seiner Veröffentlichung zehn Jahre zuvor naturgemäß nicht kennen konnte, und der von der Kritik sehr wohlwollend beurteilt wurde.

Weil „Stille Nacht" für viele Familien rund um den Globus den Fixpunkt des Heiligen Abends bildet und zu dem Weihnachtslied schlechthin geworden ist, wurde es 2011 auf Antrag der Stille-Nacht-Gesellschaft in die Liste des Immateriellen Weltkulturerbes der UNESCO aufgenommen. Damit gehört es heute zu den bedeutendsten kulturellen Errungenschaften der Menschheit.

Man mag es drehen und wenden, wie man will, „Stille Nacht" ist durch zahllose Interpretationen, Verfilmungen, Verkitschungen aus der postmodernen und postchristlichen westlichen Kultur nicht mehr wegzudenken. Das Lied schaffte eine Identifikation, die nicht auf das Christentum beschränkt blieb. Es ist spätestens seit der Schallplattenaufnahme von Bing Crosby aus dem Jahr 1935, die zehn Millionen Mal verkauft wurde, eher ein globales Phänomen als ein Musikstück. Dieses Phänomen hat den Globus erobert und ist heute jedes Jahr pünktlich zum Fest nicht nur in Salzburg, Wien, Berlin, Hamburg zu hören, sondern auch in Stockholm, Paris, Madrid, New York, La Paz, Nairobi, Kapstadt, Sydney, Tokio, Seoul und Bombay. Elvis Presley und Mahalia Jackson versuchten sich an ihm, ebenso Heintje, Freddy Quinn, Peter Alexander, Helene Fischer,

Sinead O'Connor und Mariah Carey. Es ist als das weltbürgerliche Weihnachtslied Ausdruck der universellen Friedenssehnsucht der Menschen auf dem ganzen Planeten. Damit trägt es jenseits seines ursprünglich christlichen Gehalts den Keim einer Utopie in sich und eine Hoffnung, wie die Welt sein könnte, wenn der Mensch nicht der wäre, der er ist.

Seit einigen Jahren wird es auch wieder von deutschen Soldaten im Einsatz gesungen. Seit 1992 schickt der Deutsche Bundestag Soldaten in Auslandseinsätze. Der längste dieser Einsätze ist der in Afghanistan. Dort, in einem islamischen Land, ist „Stille Nacht" seitdem an jedem Weihnachten präsent: Tannenbaum drinnen, Taliban draußen. Der ehemalige Zeitsoldat Björn Schreiber, der in Afghanistan stationiert war, erinnert sich an ein Weihnachtsfest im Felde. Er feierte die Messe mit dem Militärpfarrer und seinen Kameraden in einer Polizeistation mitten im umkämpften Gebiet nahe Kundus im Norden Afghanistans. „Stille Nacht, heilige Nacht" hätten sie gesungen, während die afghanischen Polizisten andächtig lauschten, gab Schreiber einem Journalisten der Frankfurter Allgemeinen zu Protokoll. Es sei das schönste Weihnachtsfest seines Lebens gewesen, sagte Schreiber.[177]

Wolfgang Herbst mahnte zu Recht, wir werden uns Gedanken machen müssen, welche Defizite unserer Gesellschaft dem Lied den Boden für seine anhaltende Wirksamkeit bereiteten.[178] War einst die Identitätsstiftung der biedermeierlich-bürgerlichen Familie Voraussetzung und Garant seiner Popularität, so sind es heute womöglich gerade der Zerfall der herkömmlichen Familie und die Exzesse eines veräußerlichten Weihnachtsfestes, die eine neue Sehnsucht nach dem verlorenen Ideal erwachsen lassen, die dieses Lied am Leben erhält. Dabei geht es weniger um die Ereignisse in Bethlehem vor mehr als 2000 Jahren als um eine hochgradig emotionalisierte, historisierte und romantisierte Idee von Weihnachten in tief verschneiter Landschaft, um Güte der Eltern und glänzende Augen dankbarer Kinder. Das alles in Frieden und materieller Sicherheit. Lichtsymbolik, Geschenke und eine märchenhafte Inszenierung bieten hier auch für Nichtchristen ein betretbares Feld.

In rund 350 Sprachen wurde „Stille Nacht" bis heute übersetzt, das ist ein Rekord in der Musikgeschichte. So ist dem Enkel des Komponisten, Felix Gruber junior, nur zuzustimmen, als er sagte: „Was aus tiefgläubigem Herzen entquollen, was in bester, reinster Absicht entstanden, das bricht sich Bahn, trotz formeller Unebenheiten, aber auch trotz nörgelnder und unangebrachter Kritik."[179]

Textliche und musikalische Analyse

Der Textaufbau der sechs Strophen der Mohr'schen Urfassung folgt einem klaren Programm und weist Joseph Mohr als einen engagierten und den Menschen nahestehenden Theologen aus. Er stellt die heilige Familie und das Jesuskind in den Mittelpunkt des szenischen Erzählens und konzentriert die Erlösungshoffnung ganz auf den „holden Knaben" – eine Utopie, die für das größtmögliche Publikum nachvollziehbar ist.[180]

Jede Strophe beginnt mit einem staunenden Ausruf: „Stille Nacht, heilige Nacht!" Und alle Strophen enden mit einer Anrufung, die als Doppelzeile refrainartig wiederholt wird. Der Dichter bediente sich beim Bild von der „stillen Nacht" aus dem alttestamentlichen Buch der Weisheit (18,14f.): „Als tiefes Schweigen das All umfing und die Nacht zur Mitte gelangt war, da sprang dein allmächtiges Wort vom Himmel (...)."[181] Viele Stellen des Neuen Testaments sind auf das Alte Testament bezogen und leiten das Heilshandeln Jesu aus der alttestamentarischen Geschichte her. So kann auch diese Stelle als Hinweis auf das Kommen des Erlösers gedeutet werden.

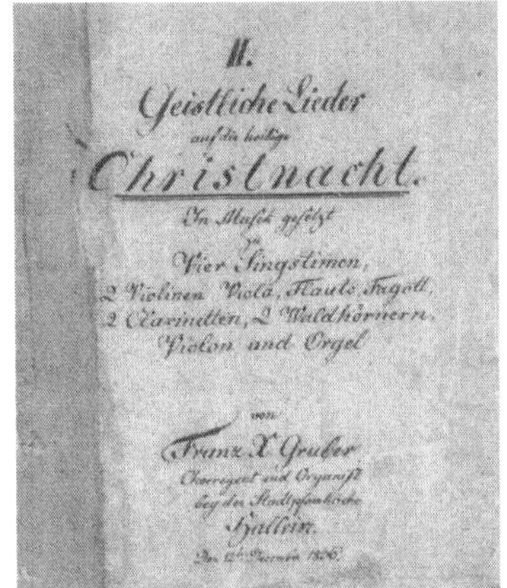

Autograph IV, Deckblatt

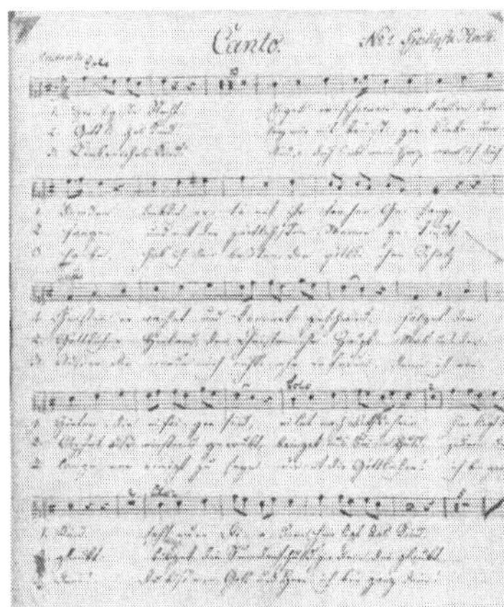

Autograph IV

Doch so still wie Mohr sich die heilige Nacht vorstellte, dürfte sie gar nicht gewesen sein, im Gegenteil. Jedenfalls, wenn man der Geschichte mit der Volkszählung glauben mag, die der Evangelist Lukas wiedergibt. Zwar gab es immer mal wieder im Römischen Reich solche Zählungen – eigentlich waren es eher Steuerschätzungen –, aber dazu musste niemand in seine Heimatstadt zurückkehren, das wäre ein „logistischer Alptraum"[182] gewesen, wie der Journalist Alan Posener konstatierte. Von daher fehlt der Geburtsgeschichte in der Überlieferung des Lukas der historische Hintergrund. Wichtig war dem Evangelisten, dass die Geburt in Bethlehem stattfinden musste, der Stadt Davids, in der schließlich der erwartete Messias zur Welt kommen sollte. Also musste er eine narrative Brücke zwischen Nazareth und Bethlehem bauen.

Folgen wir also dem Lukas, denn auf seiner Erzählung beruht ja das „Stille Nacht"-Lied: Kaiser Augustus hatte eine Volkszählung angesetzt, jedermann musste sich in derjenigen Stadt melden, aus der er stammte. Ganze Scharen von Menschen setzten sich in Bewegung.

Das ganze Reich wurde demnach „durcheinandergequirlt“[183]. So musste auch Josef mit seiner hochschwangeren, erst 16 Jahre alten Verlobten Maria losziehen, denn die Bürokratie war unerbittlich. Sie hatten sich in Josefs Heimatstadt Bethlehem einzufinden. Es waren beschwerliche 160 Kilometer von Nazareth, wo sie lebten und wo Josef als Zimmermann arbeitete. In jenen Nächten herrschte Unruhe, die Herbergen waren überfüllt, die Nerven der Menschen waren angespannt, viele waren entkräftet. Auch Josef und Maria fanden keine Herberge mehr. Sie mussten notgedrungen in einem Stall übernachten, ausgerechnet: in einem Stall! Hier wird Jesus geboren. So schildert es uns Lukas.

Für Christen konnte diese Geburt nur eine Szene der Stille sein, denn Stille tut gut in der Hektik, die sonst herrschte, und die Ankunft des Heilands ist etwas Gutes. In dieser Nacht der Nächte sollte es still sein, sollte es keinen Streit geben, sollten die Waffen schweigen, denn in dieser Nacht redete nur einer: Gott. Deshalb war die Nacht der Geburt von Gottes Sohn heilig, denn nichts anderes bedeutet heilig: zu Gott gehörig.[184]

Die erste Strophe beginnt mit einer erzählten Szene. Es wird gleichsam das Titelbild des Liedes enthüllt: die Geburtsszene, ein Spiel im Spiel. Wie in einer in den Nahen Osten verlegten alpenländischen Krippe, die Joseph Mohr vor Augen gehabt haben dürfte, sehen wir Maria und Josef, das „traute heilige Paar“, ganz allein beim soeben geborenen Jesuskind stehen, „holder Knab‘ im lockigen Haar“ – fernab vom Rest der Welt, die nichts mitbekommt von der Menschwerdung Gottes, diesem doch eigentlich sensationellsten Moment der Weltgeschichte. „Alles schläft“ – das heißt: Gott kommt unvermutet und unbemerkt in der Provinz in einem Stall zur Welt. Die eigentlichen Zentren der antiken Welt – Rom als Mittelpunkt der politischen Macht, Athen als geistiges Zentrum – sind an diesem Geschehen ganz und gar unbeteiligt. Es passiert hier etwas vollkommen anderes, vollkommen Neues. Das will Mohr ausdrücken.

Aber: Von der vorausgegangenen Reise der Hochschwangeren ist in seinem Text keine Rede, auch nicht von der vergeblichen Suche nach einer Herberge. Schon gar nicht, dass das Paar gar nicht verheiratet, sondern nur verlobt ist. Es ist das Bild einer glücklichen Geburt. Mutter und Kind sind wohlauf, und der vermeintliche Vater macht eine gute Miene, denn Josef weiß ja, dass nicht er dieses Kind gezeugt hat.[185] Dieser Josef ist in der Weihnachtsgeschichte geradezu „die unwichtigste Figur“[186], am Rand des Geschehens. Eine Figur, die mit keinem einzigen in der Bibel zitierten Satz in die Handlung eingreift. In Mohrs Gedicht ist kein Wort von den Konflikten und der Dramatik rund um Empfängnis und Geburt Jesu zu lesen. Nichts stört die Harmonie dieser Szene. Diese Harmonie rührt das Gemüt.

Das Jesuskind in dieser ersten Strophe trägt lockiges Haar – ein Umstand, der zwar in der Weihnachtsliturgie nicht vorkommt, der aber in der sakralen Kunst jener Zeit eine Rolle spielte. Die Menschen in Süddeutschland und in Österreich um die Wende des 18. zum 19. Jahrhundert konnten sich das Jesuskind gar nicht anders vorstellen als pausbäckig und mit üppigem Lockenhaar, blond oder – besser noch – golden. So sahen sie es in vielen ihrer Kirchen auf Altarbildern und Votivtafeln. Gekleidet in prächtigen Gewändern auf dem Arm seiner Mutter Maria. In Mohrs eigener Pfarrkirche Unserer Lieben Frau in Mariapfarr gab es eine Marienstatue, auf der Jesus mit prachtvollem lockigen Haar dargestellt worden ist[187] – dieses Bild und ähnliche Bilder hatte Joseph Mohr im Sinn, als er seinen „Stille Nacht“-Text dichtete. Was er und die Jesuskind-Schnitzer in den Kirchen damit sagen wollten: Gott kommt buchstäblich mit Haut und Haar zu den Menschen, in der Gestalt eines Babys, dem aber doch schon das Erwachsene aller Menschen innewohnt, dargestellt im lockigen Haar und im Lachen – zwei Attribute, über die ein Neugeborenes nicht verfügt.

Am Ende der ersten Strophe wendet sich der Dichter direkt an dieses Jesuskind: „Schlafe in himmlischer Ruh!" Die Ruhe, um die es hier geht, ist nicht das Verstummen des Außenlärms, der war zu Beginn des 19. Jahrhunderts im Gegensatz zu heute kein Thema. Vielmehr geht es um das Stillstehen des Mühlrads im Kopf, das die Aufklärung in Gang gesetzt hat; der aufklärungsmüde, ständig über sich und die Welt nachdenkende Mensch sehnt sich nach Kindlichkeit und Ruhe und singt „Stille Nacht".[188] Womöglich dachte Mohr bei der „himmlischen Ruh" auch nur an das Ausruhen nach den Strapazen der Geburt. Oder er hatte – ganz Theologe – die Zeit im Sinn, bis Jesu Wirken in der Welt manifest wird, also die etwa 30 Jahre seines Lebens, in dem wir von ihm nichts hören. Bis zu seinem ersten öffentlichen Auftritt, seinem fulminanten Heilshandeln und seinem Kreuzestod schlief seine Mission in diesem Jesus von Nazareth – und Mohr wies ihm literarisch diese lange, stumme erste Rolle seines irdischen Lebens in der ersten Strophe zu.[189]

In der zweiten Strophe erweitert der Dichter den Kreis der Handelnden und bezieht den Hörer, gleichsam die gesamte Menschheit, ein. Ein „Wir" betritt die Szene: „Da uns schlägt die rettende Stund." Die dritte Strophe zeigt eine Entfernung vom Geschehen, Jesus wird nicht mehr in der zweiten Person angesprochen, sondern er ist in der dritten Person gegenwärtig („Jesum in Menschengestalt"). Damit kommt Mohr vom Szenischen der ersten beiden Strophen ins Theologische, der erzählerische Moment wird aufgegeben. Dies setzt der Dichter in der vierten Strophe fort, in der Inkarnationstheologie und die Idee der Völkerverbrüderung zusammengeführt werden. Die Menschwerdung Gottes als Programm der Völkerverständigung – ein Gedanke, den die fünfte Strophe vertieft und in den Verheißungen des Alten Testaments verankert.

Die letzte Strophe führt das Lied in die erzählte Szene der ersten Strophe zurück, schließt es mit dem lobpreisenden Halleluja und entlässt die Singenden und Hörenden mit der Zusicherung, dass nun der Retter gekommen sei. Dazwischen entfaltet Mohr das Heilsgeschehen Gottes, das in der Menschwerdung des Sohnes zum Höhepunkt gelangt und das nichts von seiner Bedeutung für die Gegenwart verloren hat, wie das Wort „heut" in der vierten Strophe belegt („Wo sich heut alle Macht väterlicher Liebe ergoß").

Das hier entworfene Gottesbild verweist auf unsere moderne christliche Vorstellung eines Gottes, der gar nicht anders kann als gütig zu sein, voller Barmherzigkeit und väterlicher Liebe. In Mohrs Gotteskonzept haben Gottes Zorn und Rache, haben Fegefeuer und Hölle keinen Platz. Was für ein positives Bild der Textdichter da zeichnet! Wie weit entfernt er sich damit von der Vorstellung des drohenden, nachtragenden und strafenden Gottes, mit dem die Kirche jahrhundertelang den Menschen Angst gemacht hat! Mohrs Gott verheißt „aller Welt Schonung", er ist „vom Grimme befreit". Dieses Gotteskonzept hat für die Menschen etwas Befreiendes und Weites, in ihm kommt Gottes Güte, seine grenzenlose Liebe und Versöhnungsbereitschaft ohne Hintertür zum Ausdruck. Der Liedtext ist somit ein einziger Trost für die Menschen und knüpft in dieser Vorstellung eines liebenden Gottes direkt an die Psalmen 23 („Der Herr ist mein Hirte, mir wird nichts mangeln.") und 106 („Danket dem Herrn; denn er ist freundlich, und seine Güte währet ewiglich.") an.

„Stille Nacht" ist eine Idylle, in der das Inkarnationsgeschehen sentimentalisiert wird. Die Idylle lebt von der Sehnsucht, und so beschreibt auch Mohr in seiner persönlichen Frömmigkeit, ja Glaubensnaivität mehr eine Hoffnung als einen Zustand. Er trifft damit das Gefühl nicht nur seiner Zeit, sondern der Menschen aller Zeiten. Das Lied löst bei seinen Hörern vor allem eines aus: Ergriffenheit.

Es mag ein unscheinbarer Umstand sein, aber er ist in seiner Wirkung nicht zu unterschätzen: Mohr schrieb sein Gedicht 1816 in der deutschen Hochsprache und nicht im Lungauer Dialekt. Umgangssprachliche und dialektale Einflüsse fehlen komplett. Das Wort „lockigt" beispielsweise entstammt der damaligen Hochsprache, ebenso sind die Verwendung des Präteritums anstelle des Perfekts (ergoß, umschloß, verhieß) und das Anschluss-e („vom Grimme befreyt") Hochsprache. Was uns heute selbstverständlich erscheint, war 1816 eine Besonderheit. Denn eigentlich schaute Mohr als Priester dem Volk buchstäblich aufs Maul, er sprach den Dialekt seiner Gemeinde. Es hätte nahegelegen, auch das Gedicht im Dialekt zu verfassen. „Das Fehlen gängiger folkloristischer Muster ist insofern erstaunlich, als die Popularität des Liedes in der Öffentlichkeit gern mit dessen Bodenständigkeit und Verwurzelung in der alpinen Volkskultur in Verbindung gebracht wird,"[190] wundert sich der Musikwissenschaftler Wolfgang Herbst.

Tatsächlich ist das Lied bei genauer Betrachtung formal viel weniger volkstümlich als es den Anschein hat. Unbeabsichtigt legte Mohr damit einen der Grundsteine für den Erfolg von „Stille Nacht", denn es ist schwer vorstellbar, dass ein Weihnachtslied im Lungauer Dialekt in den anderen deutschsprachigen Ländern so populär geworden wäre. Das Hochdeutsche ist damit einer der Schlüssel zum Verständnis der enormen Ausbreitung von „Stille Nacht".

Interessanterweise wechselt Mohr in seiner Niederschrift des Textes zwischen deutscher und lateinischer Schreibschrift. Überschriften, Titel und Eigennamen wurden zu seiner Zeit üblicherweise in lateinischer Schrift geschrieben, auch Mohr tut dies. Er geht aber noch einen Schritt weiter: auch religiös wichtige Begriffe wie „Jesus" und „Hallelujah" sowie den letzten Satz der 6. Strophe „Jesus, der Retter ist da!" setzt er in lateinischer Schrift. Offensichtlich wollte er diesen Stellen eine besondere Bedeutung verleihen, sie aus dem Textkorpus herausheben – und gibt dem Leser damit einen Hinweis darauf, was ihm theologisch wichtig war. Umso schwerwiegender erscheinen vor diesem Hintergrund die späteren Eingriffe von protestantischer Seite, die im Liedtext aus „Jesus" „Christus" machten und damit – wie im vorausgegangenen Kapitel gezeigt – ein ganz anderes theologisches Programm in Gang setzten, als es der Autor allem Anschein nach im Sinn gehabt hatte.

Mohr bemüht sich in seinem literarisch bescheidenen, theologisch aber gehaltvollen Gedicht nicht nur um ein neues Gottesbild. Der Text ist auch durch und durch romantisch und in seinem Kern antiaufklärerisch. Die Aufklärung betonte stark die Lichtmetaphorik: Wo Dunkel herrschte, soll Licht werden; das Denken soll erleuchtet werden; das hell strahlende Wissen soll die Düsternis des Unwissens ausleuchten. Besser als der deutsche Begriff „Aufklärung" (wenngleich auch hier das Wörtchen „klar" als Synonym für „hell" steckt) geben das Englische und das Französische die Bedeutung des Lichts für die Aufklärung wieder. Dort heißt diese Epoche europäischer Geistesgeschichte Age of Enlightment („Zeitalter der Erleuchtung") beziehungsweise Siècle des lumières („Jahrhundert der Lichter").

Mohr setzt diesem allumfassenden und alles erhellenden Licht der Vernunft die vermeintlich bescheidenere christliche Lichtmetapher entgegen, die auf die Vorbildfunktion des Einzelnen zielt und deren Prototyp Jesus Christus selbst ist. Jesus formulierte: „Ihr seid das Licht der Welt (...) So soll euer Licht vor den Menschen leuchten, damit sie eure guten Taten sehen und euren Vater im Himmel preisen."[191] Das Licht im christlichen Sinne kann durchaus auch allumfassend-physikalisch verstanden werden, denn Gott selbst hatte gesehen, „dass das Licht gut war"[192], aber eben nicht als im aufklärerischen Sinne eines Synonyms für Verstand, sondern als Symbol für

Glauben und Überzeugungskraft. Die Verehrung der Sonne im römischen Mithraskult als das lebensspendende Licht hatte ganz entscheidende Bedeutung bei der Wahl des 25. Dezembers als Geburtstag des Gottessohnes. Der in Trier geborene spätere Bischof von Mailand, der heilige Ambrosius (339–397), sprach einmal in einer berühmt gewordenen Weihnachtspredigt davon, dass die Sonne, wenn sie sich beim Leiden Jesu am Kreuz schon verfinsterte, umso heller leuchten musste bei seiner Geburt.[193] Jesu Geburt und das Licht – das galt 1800 Jahre lang als zwei Seiten derselben Medaille. Bis Joseph Mohr „Stille Nacht" dichtete.

Denn mehr als das Licht lobt unser Autor das Dunkel der Nacht, das jedes personale Dasein zwar unabweisbar und unerbittlich umfasst, weil Menschen aus der Nacht kommen und in sie zurückkehren. Für ihn aber ist sie vor allem eines: still und heilig. Welch innovativer Gedanke! Galt doch die Nacht bislang als „eine Terra incognita am Rande des Interesses (...), die vernachlässigte Hälfte des menschlichen Erlebens"[194]. In der Aufklärung war die Nacht in jeglicher Hinsicht negativ belegt: ein Zustand der verstandesmäßigen Düsternis oder des angsterfüllten Grauens, manchmal auch beides.

Die Nacht war die meiste Zeit der Menschheitsgeschichte eine Zeit der Ängste und des Misstrauens. Sie raubte den Menschen ihren wichtigsten Sinn, den Gesichtssinn, und führte damit zu einem Verlust der Kontrolle über die Umwelt. Bei Nacht, so klagte der schottische Dichter James Thomson (1700–1748), „geht Ordnung zugrunde, wird Schönheit zunichte, schwindet der Unterschied"[195]. Der Dichter des elisabethanischen Zeitalters, Thomas Nashe (1567–1601), hatte sie in seinem Buch „The Terrors of Night" sogar als „Mutter der Verzweiflung, Tochter der Hölle" („the mother of despair, the daughter of hell") bezeichnet.[196] Wann also, wenn nicht in der Nacht, die – wie eine Redensart besagte – den Geistern gehört, konnte das Böse walten?

Doch plötzlich bekam die Nacht in der Wahrnehmung der Menschen auch ein ganz anderes Empfinden. Georg Philipp Friedrich von Hardenberg alias Novalis (1772–1801) setzte 1800, also wenige Jahre vor Mohr, dem negativen Bild der Dunkelheit seine „Hymnen an die Nacht" entgegen. Der Bergbaustudent im sächsischen Freiberg hatte im Dunkel der Bergwerke „freudige Erhebung über die Welt" verspürt.[197] Novalis ebnete in seinen „Hymnen", diesem bedeutendsten lyrischen Werk der Frühromantik, einer Nachtbegeisterung den Weg, die bis dato unerhört war und die die deutsche Romantik prägen würde. Bei ihm werden die Nacht und die Bergwelt eins. Die Nacht brachte nun „die große Verwandlung, sie ist aber auch eine Nacht des Ursprungs, aus dem das Sein entspringt. Es ist die Dunkelheit des Erdreichs, worin, noch von der Sonne geschützt, die Saat keimt".[198] Novalis selbst spricht von der „heiligen, unaussprechlichen, geheimnisvollen Nacht".[199]

Genau das ist das Bild von Nacht, das Mohr in seiner Dichtung im Sinn hat: Die Nacht, die uns die Augen öffnet[200] und sich selbst als ein dem Licht transzendenter Bereich offenbart. „Alles schläft" zwar in jener Nacht aller Nächte, aber dennoch geschieht genau jetzt das christliche Heilshandeln, indem der Sohn Gottes, das Licht der Welt, in diese Nacht hineingeboren wird und sie erhellt. Die Nacht als mystische Zeit, als Gelegenheit zur Innerlichkeit und zum Rückzug auf sich selbst – diese romantischen Motive, die der Aufklärung vollkommen fremd waren, gehen in Mohrs Text eine ideale Symbiose mit dem christlichen Verständnis des Lichtes Christi ein, das die Menschen aus der Dunkelheit ihrer Sünde befreit. Mohr war nicht nur von der die Nacht verklärenden Romantik beeinflusst, sondern er kannte mit Sicherheit auch das erstmals 1599 gedruckte Weihnachtslied „Es ist ein Ros entsprungen", in dem es in der ersten Strophe heißt, „mitten im kalten Winter wohl zu der halben Nacht", und auf das er sich bezog.

In dieser Nacht wacht nur das „traute heilige Paar". Auch das ist bemerkenswert: In Mohrs Text taucht nicht ein einziges Mal der Name Marias auf. Für ein katholisches Weihnachtslied, verfasst auch noch von einem Priester, ist das ein ungewöhnlicher Befund. Maria ist lediglich Teil des „heiligen Paars" und geht ganz in diesem auf. Mohr nimmt hier eine randständige liturgische Tradition auf, die zu seiner Zeit alles andere als gefestigt war. Denn in der katholischen Tradition tritt die Verehrung der Heiligen Familie erst recht spät auf, vereinzelt im 17. Jahrhundert, dann allerdings machtvoll im 19. Jahrhundert. Man sah mehr und mehr in der Heiligen Familie ein hilfreiches Vorbild für die durch Industrialisierung, Verstädterung, Proletarisierung und Migration gefährdete christliche Familie. Papst Leo XIII. (1810–1903) wies folgerichtig der Heiligen Familie einen eigenen Festtag zu, der dann aber nach seinem Tode zunächst wieder gestrichen und 1921 erneut eingeführt wurde. Es ist also ein recht junges Fest, das zu Mohrs Lebzeiten noch gar nicht existierte. Seit der nachkonziliaren Kalenderreform 1969 wird das Fest der Heiligen Familie am Sonntag in der Weihnachtsoktav gefeiert. Falls kein Sonntag in die Oktav fällt, gilt der 30. Dezember als Festtag.

Mit Sicherheit drückt sich in der Heraushebung der Heiligen Familie die eigene Sehnsucht des vaterlos aufgewachsenen Mohr nach einem Elternpaar aus. Er hebt im Übrigen in seinem Text auch ganz besonders auf die „väterliche Liebe" (Strophe 4) ab. Der fehlende Vater wird hier Ausdruck einer Sehnsucht, die sich im Text niederschlägt. Mohr war in den ersten Lebensjahren ausschließlich unter Frauen aufgewachsen: seiner Mutter, seiner Großmutter, seiner Halbschwester Klara und einer Cousine. Erst später kam ein Halbbruder hinzu. Die intakte Familie, die er in seinem Lied besingt, war nicht nur ein krasser Gegensatz zu Mohrs eigenen Kindheitserfahrungen. Dass Jesus Christus in eine andere Situation als in eine heile

Familie hätte hineingeboren werden können, war für ihn undenkbar.

Im Laufe des 19. Jahrhunderts wurde, wie wir gesehen haben, aus dem „trauten, heiligen Paar" das „traute hochheilige" Paar. Die Einfügung des Wörtchens ‚hoch' mochte vordergründig musikalische Gründe gehabt haben, wird doch auf diese Weise jedem Ton der Melodie eine eigene Silbe zugewiesen, was den Gesang erleichtert. Doch erfährt die Familie dadurch nochmals eine Überhöhung, die es vorher so nicht gab und die liturgisch auch keinerlei Begründung hat. In der katholischen Liturgie hat sehr wohl die hochheilige Nacht als sanctissima nox einen Platz in der Weihnachtsmesse, und auch im Weihnachtslied „Ihr Kinderlein kommet" aus dem 18. Jahrhundert heißt es „...und seht, was in dieser hochheiligen Nacht der Vater im Himmel für Freude uns macht" – aber nicht einmal das Jesuskind wird offiziell als hochheilig bezeichnet.

Das Bild der (hoch-)heiligen Familie fällt zusammen mit der sich entwickelnden Familienvorstellung im Biedermeier, zu der auch noch die Idee eines privat zu feiernden Weihnachtsfestes in der Wärme und Gemütlichkeit der eigenen Wohnung trat. Das Biedermeier, also die Zeit von 1815 bis 1848, war die Zeit des idyllischen Familienlebens. Die Familie bestand aus Vater, Mutter und zwei oder drei Kindern. Genügsamkeit, Frömmigkeit, stilles Glück, ein geordnetes Leben in der Geborgenheit der unter einem Dach lebenden Sippe waren ihr Ideal. Briefeschreiben, gemeinsame Spaziergänge, gepflegte Konversation und Hausmusik galten als bevorzugte Tätigkeiten. Gemälde wie der „Sonntagsspaziergang" von Carl Spitzweg aus dem Jahr 1841 zeigen dieses Idyll. Zum ersten Mal in der Geschichte wurde der Erziehung der Kinder in breiten Schichten große Aufmerksamkeit geschenkt. Das bürgerliche Bildungsideal nahm in der biedermeierlichen Familie seinen Ausgang. „Joseph Mohr scheint mit seiner ersten Strophe eine Schleuse geöffnet zu haben, durch die viele Wünsche, Sehnsüchte und Bedürfnisse freigesetzt worden sind. Jetzt konnten sie Gestalt gewinnen und sich mit diesem Lied verbinden"[201], was den großen Erfolg von „Stille Nacht" erklärt. „Stille Nacht" wurde das Lied zur Epoche, der weihnachtliche Sound des Biedermeier.

Dazu trug die spätere Kürzung des Lieds um die Hälfte seiner Strophen bei, was eine noch stärkere Konzentration auf die Familie bedeutete, weil die Themen der gestrichenen Strophen – der frühere Zorn Gottes, die Schonung der Welt, die Versöhnung der Völker – einfach wegfielen. „Alle geschichtlichen Spannungen und Reibungspunkte sind weihnachtlicher Harmonie gewichen"[202], und mit ihnen verschwand auch die theologische Tiefe des Liedes.

Die Mutter, die in Gestalt Marias in Mohrs Gedicht durchaus eine Rolle hätte spielen können, taucht in seinem Gedicht nicht auf. Das sagt – ohne psychologisieren zu wollen – über Mohrs Bild der eigenen Mutter viel aus. Das Fehlen Marias ausgerechnet im anrührendsten aller Weihnachtslieder wirkt umso befremdlicher, als die Mutter Gottes gerade an Weihnachten in den Texten der Evangelien, in der Liturgie und in den zahlreichen Krippen allgegenwärtig ist. Die Besonderheit der Familiendarstellung Mohrs im Liedtext berührt die eigene Biografie des Dichters und seine – ihm vielleicht gar nicht bewussten – Sehnsüchte. Jedenfalls hat es von katholischer Seite nicht an Versuchen gefehlt, Maria nachträglich noch in den Text einzubauen, zumal in der Autorität der geheiligten lateinischen Sprache.[203] Auf protestantischer Seite hingegen hat die fehlende Marienverehrung die Verbreitung von „Stille Nacht" eher gefördert als ihr geschadet.

Schon 1818 muss die Szenerie in „Stille Nacht" die Seelen der Sängerinnen und Sänger tief bewegt haben, denn Mohr setzte mit seinem Liedtext der bis dahin üblichen nüchternen Ausgestaltung der Lieder der Aufklärung etwas Neues entgegen: In den Liedtexten der Aufklärung findet sich kaum etwas, an dem sich Emotionen festma-

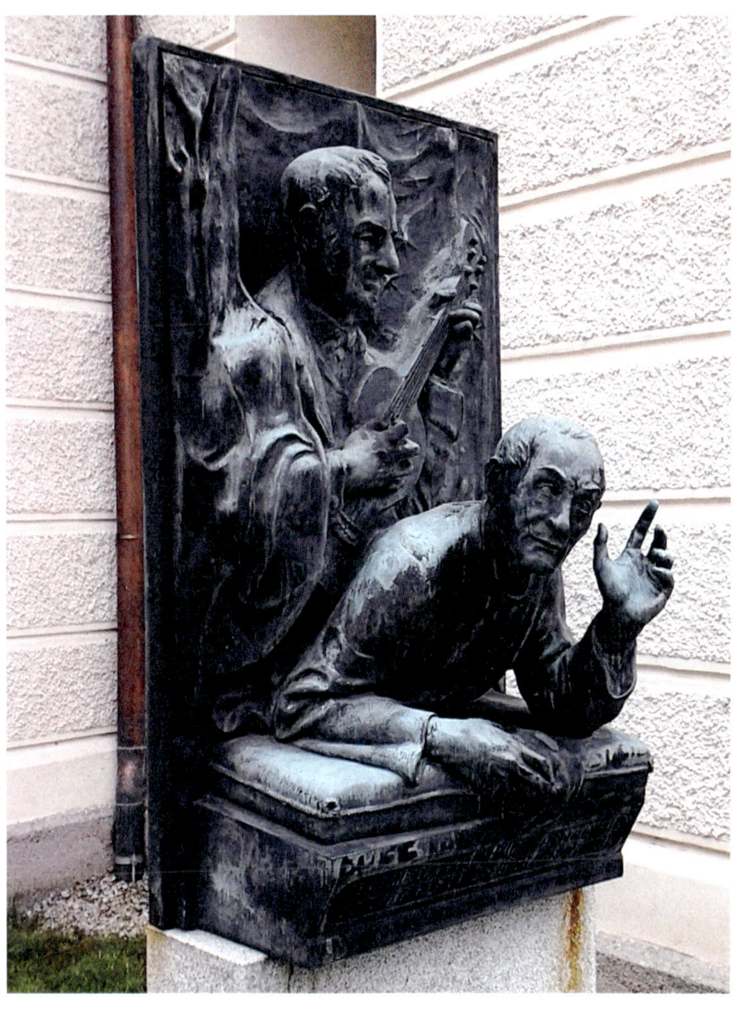

Relief von Mohr und Gruber, geschaffen von Josef Mühlbacher 1912

chen konnten. Die Lieder des 18. Jahrhunderts und noch des beginnenden 19. Jahrhunderts waren eher schulmeisterlich und belehrend, sie richteten sich an den Kopf und nicht an das Herz. Es ist daher nicht überraschend, dass in der Aufklärung kein einziges Weihnachtslied von bleibendem Erfolg entstand. Die Lieder waren einfach zu spröde. Dagegen griff Mohr mit seinem Text mitten hinein in die sprachliche Gefühlskiste der Romantik und führte über diese gleichsam in einem an der Aufklärung vorbeigelegten Bypass seine Zuhörer mit dem gemütvollen Text in jene Innerlichkeit der Epochen vor der Aufklärung zurück, ohne die Weihnachten nicht zu denken und schon gar nicht zu erfühlen ist. Er zeigte dabei ein erstaunliches Maß an literarischer und geschichtlicher Bildung und eine enorme Empathie für die Gefühlswelt seiner Zielgruppe.

Der Text von „Stille Nacht“ konfrontiert den modernen Leser mit rund 20 Begriffen, die sich mit heutigem Verständnis nicht ohne weiteres erschließen. Einige davon sollen erläutert werden:[204]

einsam (Strophe 1)

Die heute stark psychologisierende Bedeutung ist dem Begriff „einsam“ zu Beginn des 19. Jahrhunderts noch fremd. Vielmehr geht der damalige Sprachgebrauch von einem schlicht von Menschen nicht besiedeltem Ort aus – einem Ort, an dem es auch keine menschlichen Geräusche gibt. „Einsam“ in „Stille Nacht“ meint also: das heilige Paar ist allein für sich, nichts Menschliches weit und breit ist zu hören. Der Begriff verstärkt also die „stille“ Nacht und die Tatsache, dass „alles schläft“.

Wachen (Strophe 1)

In der heutigen Bedeutung wird „wachen“ als „auf etwas aufpassen“ verstanden (bewachen, Wachhund, Wachtposten, Polizeiwache). Im Liedtext aber geht es zunächst um das schlichte wachbleiben im Sinne von nicht schlafen, aber auch um Sorge tragen (nämlich um das soeben geborene Jesuskind).

traut (Strophe 1)

Das „traute“ heilige Paar – dieser Begriff ist einer der fremdesten für heutige Ohren. Es hat nichts mit Trauung zu tun, Mohr wusste natürlich, dass Joseph nicht der Ehemann Marias war, sondern ihr Verlobter. „Traut“ im damaligen Sinn hieß vielmehr, einander lieb sein, wichtig füreinander sein, durchaus auch im sexuellen Kontext – ein Modewort des beginnenden 19. Jahrhunderts, das empfindungsgeschichtlich auf das Mittelalter verweist, ein Lieblingsbegriff der Romantik, und das sich heute noch im Begriff „Vertrauen“ wiederfindet. In den deutschen Dialekten war es vollkommen unüblich und ist eindeutig der Hochsprache zuzuordnen.

hold (Strophe 1)

Auch das Wörtchen „hold“ war zu Mohrs Zeiten in Mode. Wie aus einer fernen Zeit klingt es heute. Scherzhaft wird es gelegentlich noch für „die Holde“ gebraucht, wenn eine schöne und einem zugeneigte Frau gemeint ist. Doch die äußere Schönheit des Jesuskindes wäre sicher das Letzte, was an Weihnachten von Bedeutung wäre. Eher geht es um „hold“ im Sinne von „zugeneigt“, so wie wir es in der Redewendung „Das Glück ist ihm hold“ immer noch kennen. Das entsprechende Substantiv heißt „Huld“ und geht wiederum auf „Halde“ zurück, was im Alemannischen „geneigte Fläche“ bedeutet. Seit dem Mittelalter ist man einander hold, also einander zugeneigt. Und das bedeutete auch ein konkretes Rechtsverhältnis, nämlich die Treueverpflichtung des Lehensmannes dem Lehensgeber gegenüber. Ebenso wie „traut“ ist „hold“ geeignet, schon den Hörer des Jahres 1816 in eine ferne Vergangenheit zurück zu imaginieren, den des 21. Jahrhunderts erst recht.

bedacht (Strophe 5)

In der 5. Strophe heißt es: „Lange schon uns bedacht". Heute wird „bedenken" im Sinne von „erwägen" oder „überlegen" verwendet. „Bedacht" in „Stille Nacht" heißt jedoch vielmehr: beschenkt werden (zum Beispiel „mit Rosen bedacht werden", „jemanden in einem Testament bedenken"). Hier hat es also die Bedeutung: die Nacht der Geburt Christi war uns schon lange zugedacht oder bestimmt.

Grimm (Strophe 5)

Heute wird Grimm als unterdrückter Zorn bezeichnet. Zu Beginn des 19. Jahrhunderts war Grimm dagegen ein besonders heftiger, auch nach außen getragener Zorn.

Der Väter urgrauer Zeit (Strophe 5)

Urzeit, Urwelt: das Präfix Urbezeichnet etwas sehr weit Zurückliegendes und ist heute noch verständlich. Aber urgrau? Ganz im Gegensatz zur heutigen Bedeutung hieß „grau" eigentlich „strahlend" und „hell". Deswegen sprechen wir immer noch vom „Morgengrauen", mit dem der helle, lichte Tag beginnt. Erst im Mittelalter ist mit „grau" eine Mischung aus schwarz und weiß gemeint, und da liegt die Bedeutung zum grauen Haar nahe, das alte Menschen haben. Die „graue Vorzeit" ist also eine sehr frühe Epoche, mit „urgrauer Zeit" meint Mohr eine vorchristliche Zeit, vielleicht die Zeit nach der Sintflut.

Schonung (Strophe 5)

Gott hat den Menschen als solches und alle Geschöpfe die Sintflut überleben lassen, er hat sie geschont: Schonung meint damals wie heute Unterlassen einer Kränkung oder Verletzung.

verhieß (Strophe 5)
Heißen bedeutet ursprünglich „mit Namen nennen". Mohr gebraucht es im Sinne von „etwas Gutes versprechen".

kund gemacht (Strophe 6)
Ein für ein Weihnachtslied ungewöhnliches Wort aus der Sprache der Bürokratie. Zu Mohrs Zeiten hießen in Österreich amtliche Bekanntmachungen „Kundmachung". „Kunde" ist die Nachricht, Botschaft, Wissen, Kenntnis oder Lehre („Heilkunde", „Erdkunde", „Naturkunde", „Kundschafter"). So ist das zugrunde liegende Verb „künden" durchaus im juristisch-verwaltungstechnischen Sinne zu verstehen (bekannt machen), doch hat es auch einen biblischen Bezug. In Jesaja 12,4 heißt es: „Macht unter allen Völkern seine Taten bekannt, verkündet: Sein Name ist erhaben!" Diesen biblischen Gebrauch, nicht die Sprache der Behörden seiner Zeit, dürfte Mohr im Sinn gehabt haben.

bey (Strophe 6)
„Tönt es laut bey Ferne und Nah" heißt es in der 3. Zeile der 6. Strophe. Heute singen wir in der nunmehr 3. Strophe „Tönt es laut von fern und nah". Für den Sprachwissenschaftler Dominik Brückner ist diese Änderung einer der auffälligsten Eingriffe in den Urtext.[205] Im alten bairischen Dialekt bedeutet „bey" so viel wie „in": „bey der Nacht" = „in der Nacht". Das heutige „von" verschiebt aber die Bedeutung des Satzes gravierend: meinte Mohr mit „bey Ferne und Nah" doch „in der Ferne und Nähe" im Sinne von überall, ohne Bezug zum Hörenden. Ganz anders die Bedeutung des Satzes, wenn „bey" durch „von" ersetzt wird. Dann gibt es plötzlich einen imaginären Hörenden, der den Ruf „Jesus, der Retter ist da!" aus der Ferne und aus der Nähe kommend vernimmt. Dieser Ruf kann aber in dieser Fassung nicht mehr als allumfassend verstanden werden. Dies widerspricht

dem universalen Anspruch des christlichen Heilsgeschehens und insofern stellt die Änderung dieses einzigen kleinen Wörtchens eine schwerwiegende theologische Verkürzung der Absicht Mohrs dar.

Die Melodie von „Stille Nacht“ bestätigt die zunächst naheliegende Vermutung nicht, hier handele es sich um einen typischen Vertreter des bayerisch-österreichischen Weihnachtsvolkslieds mit seiner einfachen und oft derben Dreiklangsmelodik, die von Kritikern als sentimental verpönt wird. Der musikalisch sehr erfahrene Franz Xaver Gruber wählte vielmehr eine klassische Form für die Vertonung des Gedichts: die idyllische und sanft wiegende Pastorale, deren punktierter 6/8-Rhythmus dem Lied ein besonderes „weihnachtliches Flair“ gibt[206]. Sie kommt ursprünglich aus dem süditalienischen Barock und soll an die Hirtenmusik zur Geburt Jesu erinnern, der ja selber als „guter Hirte“ (Pastor) gilt.

Die Pastorale war zu Zeiten Grubers längst in der mitteleuropäischen Musiktradition in Oratorien, Concerti grossi und Kantaten verankert und hatte Eingang gefunden in Bachs Weihnachtsoratorium und Händels „Messias“. In katholischen Regionen des deutschen Sprachraums war die Pastorale in zahlreichen „Pastoralmessen“ zur Weihnachtszeit zwischen erstem Adventssonntag und Dreikönigsfest eingebaut worden. Gruber griff also auf Bewährtes zurück, und es ist anzunehmen, dass er selbst derartige Stücke vielfach wird aufgeführt haben. „Von diesen musikalischen Modellen auf der Schwelle zwischen Kunstmusik und Volksmusik ist seine Stille-Nacht-Melodie inspiriert, und mit deren Hilfe hat der Komponist seine schlichte Weise als Beispiel eines deutschen geistlichen Liedes geschaffen“, so Wolfgang Herbst.

In Grubers Komposition sind grundlegende, seit langem verwendete Elemente weihnachtlicher Volksmusik eingeflossen, der erwähnte

Dreiertakt (6/8) und eine kleingliedrige Dreiklangsmelodik – Kennzeichen weihnachtlicher Musik, die spätestens seit dem 16. Jahrhundert belegt sind und die für den volkstümlich-familiären Strang der Weihnachtsmusik stehen.[207] Daneben gab es einen zweiten Ursprung der Weihnachtsmusik, nämlich die Liturgie des Weihnachtsfestes im Sinne eines Hochfestes der Verherrlichung Gottes als Welterlöser. Die ältesten deutschen Weihnachtslieder entstammen dieser musikalischen Traditionslinie, beispielsweise „Sei uns willkommen, Herre Christ". Der Schweizer reformierte Theologe und Musikwissenschaftler Andreas Marti kommt allerdings zu dem Schluss, dass das Etikett „Volkslied" für „Stille Nacht" keineswegs passt, vielmehr müsse man von „populärer Klassik" sprechen.[208] Auf jeden Fall handelte es sich bei der Pastorale um eine musikalische Kurzform des Weihnachtsevangeliums. Das Weihnachtsgeschehen wird szenenartig geschildert. Ansporn der Musiker war es, jedes Jahr eine neue Pastorale vorstellen zu können, und das Land Salzburg war durch seine Klöster ein guter Resonanzraum für volksnahe Weihnachtsmusik, so dass die Pastorale hier frühzeitig auf fruchtbaren Boden fiel.

Grundsätzlich zeichnet sich das deutschsprachige Strophenlied dadurch aus, dass sich die Strophen metrisch, in der Zahl der Verse und in der syntaktischen Struktur weitgehend entsprechen. Textnuancen sind in einem solchen Strophenlied nur sehr schwer möglich, dafür reicht die musikalische Unterlegung einer einzigen Strophe, die dann für alle weiteren gilt. Eine Durchkomposition des gesamten Textes ist nicht nötig. Mohrs gereimte Verse als Textvorlage erfüllen mit ihrer formalen Struktur vorbildlich die Vorgaben für ein Strophenlied, was Gruber die Komposition einfach gemacht haben dürfte.

In der Handschrift Mohrs aus der Zeit um 1820 fallen die Punktierungen in der Melodie auf, die – abgesehen vom Schluss – immer nur in der ersten Takthälfte stehen, also den Noten einen höheren Wert

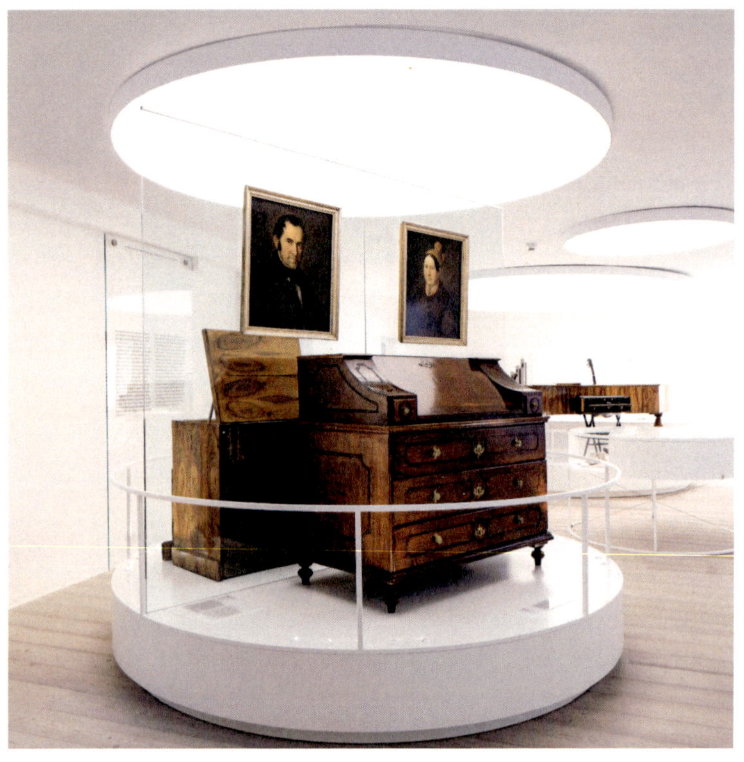

Exponate aus dem Musikzimmer Grubers im Gruberhaus

geben. Dies bewirkt im Gegensatz zum heutigen eher stereotypen Rhythmus einen eleganten Fluss. Den ersten großen Eingriff haben die Zillertaler Sänger vorgenommen: den um eine Terz höheren Melodieeinsatz in Takt 9 mit der anschließenden Dreiklangsbrechung im Dominantseptakkord. Marti weist darauf hin, dass dies eine deutliche Verschiebung vom pastoralen Kunstlied zum süddeutschen Volkslied-Empfinden bewirkt hat und somit „für ein Gutteil der Sentimentalität" verantwortlich ist, die die einen schätzen, die Kritiker aber dem Lied anlasten.[209]

„Stille Nacht" heute

Kein Weihnachtslied bewegt und berührt die Menschen so wie „Stille Nacht". Wenn nach der Christmette an Heiligabend in der Kirche die Lichter ausgehen und nur noch Kerzen das Kirchenschiff erhellen, dann verbinden Melodie und Text von „Stille Nacht" die Menschen in den Kirchbänken, die sich oft fremd sind und die vielleicht nur dieses eine Mal im Jahr in einen Gottesdienst gehen. Zumindest die erste Strophe können viele noch mitsingen. Ein Schauer läuft den Gottesdienstbesuchern vor Ergriffenheit, vor Dankbarkeit, vor Erinnerung an das selige Weihnachten der eigenen Kindheit über den Rücken, manch einem Kirchenbesucher auch eine Träne über die Wange. „Stille Nacht" wird geliebt und gesungen von Menschen jeden Alters, aller Bildungsschichten, vieler Nationalitäten – ein nach wie vor schwer zu fassendes Phänomen. Das ist umso erstaunlicher, als Weihnachten für weite Teile der Gesellschaft von religiösen Bezügen inzwischen weitgehend entkleidet und zu einem profanen Kinder- und Bescherfest geworden ist. „Stille Nacht" ist an diesem Fest vor allem eines geblieben: Ausdruck eines Bedürfnisses nach Heimat, Geborgenheit, Familienglück und Frieden – eben: heiler Welt.

Alle Umfragen zu den beliebtesten Weihnachtsliedern führt „Stille Nacht“ zum Teil mit großem Abstand an. In einer Umfrage des Markt und Meinungsforschungsinstituts Yougov steht das Lied mit 44 Prozent an der Spitze, vor „Last Christmas“ (34 Prozent) und „Leise rieselt der Schnee“ (32 Prozent).[210] Das Statistik-Portal Statista sieht einen Vorsprung von „Stille Nacht“ mit 24,3 Prozent vor „Leise rieselt der Schnee“ (8,1 Prozent) und „Fröhliche Weihnacht überall“ (4,8 Prozent).[211] Auch eine repräsentative Umfrage des Meinungsforschungsinstituts Emnid bestätigte im Dezember 2016 die Vorrangstellung von „Stille Nacht“: es führte mit 55 Prozent vor „O du Fröhliche“ und „O Tannenbaum“.[212]

Die Melodie war eine Gelegenheitskomposition, der Text spiegelt die Umstände seiner Entstehungszeit, das Ganze sollte nicht von Dauer sein und eigentlich nur eine Christmetten-Gemeinde an einem einzigen Heiligen Abend erfreuen. Dennoch wurde das Lied zu einem Menschen, Zeiten und Länder verbindenden Gemeinschaftsgut, dessen fragmentarisierte Worte auch nach 200 Jahren immer noch verstanden werden und dessen Melodie zum kulturellen Welterbe der Menschheit, weit über das Christentum hinaus, geworden ist. Es wird inbrünstig intoniert von tief gläubigen Menschen, aber auch „im Dickicht der Städte gesungen von Leuten, denen es nicht zukommt“.[213] Doch das ist egal. Auch wenn es heillos sentimentalisiert wird, erfüllt es seinen ihm von seinen Schöpfern zugedachten Zweck, den Menschen einen Moment des Trostes und der Ergriffenheit zu schenken – und zwar heutzutage millionenfach.

„Stille Nacht“ ist auch Ausdruck einer Verlogenheit: Die musikalische Erinnerung an die Erbärmlichkeit der ersten Nacht Gottes als Mensch auf dieser Erde erlaubt ein kurzes Gedenken an die Armut in aller Welt, um sich dann gegenseitig umso reichere Gaben zu machen oder umso reichhaltiger zu speisen, wie es die Buddenbrooks in Thomas Manns berühmten Roman tun, wo zu Weihnachten mit einem erleichterten bürgerlichen Gewissen herzhaft zu „Karpfen in aufgelöster Butter“, „altem Rheinwein“ und „Puter, gefüllt mit einem Brei von Maronen, Rosinen und Äpfeln“, dazu „gebratene Kartoffeln, zweierlei Gemüse und zweierlei Kompott“ gegriffen wird.[214]

Als „das komprimierte Gegenteil zu der Welt, in der wir leben“[215] wirkt „Stille Nacht“ seit 200 Jahren auf das Gemüt der Menschen und führt ihm vor Augen, dass es noch etwas anderes gibt als das Sichtbare und Wahrnehmbare des Alltags, der sich zur Weihnachtszeit anders anfühlt. Das Lied lässt eine Dimension erahnen, die das Jahr über sehr selten greifbar wird. Schutzlos und einfältig bietet sich uns das Lied dar wie dereinst Jesus Christus selbst, den es besingt. Der Spott, die Parodien, die Verächtlichmachung und Kritik, die über dieses Lied hereingebrochen sind, konnten ihm nichts anhaben, im Gegenteil. Seine Wirkung ist ungebrochen, und das, obwohl sich unsere heutige Situation fundamental von der des frühen 19. Jahrhunderts unterscheidet. „Stille Nacht“ spricht das Zeitlose in den Generationen an und das universell Gültige in allen Teilen der Welt. Der Germanist und Theologe Hermann Kurzke beschrieb es so: Das Lied „trägt die Gloriole der unverwirklichten Träume des Lebens und heiligt damit die triste Gewöhnlichkeit, zu der die meisten verurteilt sind“[216].

Die Legenden, die sich früh um die Entstehung von „Stille Nacht“ bildeten, haben einen eigenen Wert, weil sie etwas über die Bedeutung des Liedes aussagen: Etwas, was Menschen so wertvoll ist, wird oft durch Ausschmückungen „veredelt“. Und die Lebensgeschichten von Joseph Mohr und Franz Xaver Gruber bekamen zuweilen die Qualität von Heiligenlegenden.

Die bis heute nicht geklärte Frage nach dem Verbleib der Urschrift des Liedes ist für den weltweiten Erfolg von „Stille Nacht“ irrelevant und höchstens noch von akademischem Interesse. Denn das Lied verdankt seinen Erfolg ja gerade nicht seiner ursprünglichen Gestalt, sondern den später vorgenommenen zum Teil erheblichen Kürzungen und Veränderungen am Text. Die Gelegenheitsdichtung eines Hilfspriesters und die Blitzkomposition eines Dorfschullehrers wurden gedreht und gewendet, bis sie zu einer weihnachtlichen Pop-Ikone der Moderne wurden und – das ist das Erstaunliche! – hinauswuchsen aus dem sakralen Bereich hinein in die Welt, auch und gerade in die Welt des Konsums und der totalen Kommerzialisierung.

„Stille Nacht" wurde als Zitat auch in die ernste Musik des 20. Jahrhunderts übernommen – man denke nur an Max Regers Orgelstudie „Weihnachten" op. 145,3 aus den Jahren 1915/16, an geistliche Chorwerke wie Arthur Honeggers „Cantate de Noël" von 1953 oder an Krzysztof Pendereckis Zweite Symphonie von 1980 – in seiner heutigen Gestalt wird es allerdings eher mit dem Rummel verbunden, der sich um das Weihnachtsfest entwickelt hat, und aus dem es nicht mehr wegzudenken ist. Leierkastenmänner und Quetschkommodenspieler quälen die Melodie in den Fußgängerzonen. In Kaufhäusern, Einkaufszentren und auf Weihnachtsmärkten ist sie zu einem Background-Sound geworden, der jene im Lied beschworene stille und heilige Nacht geradezu in ihr lärmendes Gegenteil verkehrt.

Manch einem ist es durch die Dauerberieselung wohl zu einem Weihnachtslied zum Abwinken verkommen, wie seine modernen Nachfahren „White Christmas", „Jingle Bells", „Last Christmas" oder „Driving home for Christmas", die sich hineingefressen haben ins kollektive kulturelle Gedächtnis. Ob im Radio, auf elektronischen Chips, in klingenden Geschenkkarten, diese Melodien sind allgegenwärtig. Auch die wachsende Zahl von Menschen in Europa, die mit dem eigentlichen Sinn von Weihnachten nichts mehr anfangen kann oder will, kann sich diesem Musikteppich kaum entziehen.

Weihnachten als das „bedeutendste Familienritual schlechthin"[217], und als Fest der Familieninszenierung ist es für manch einen

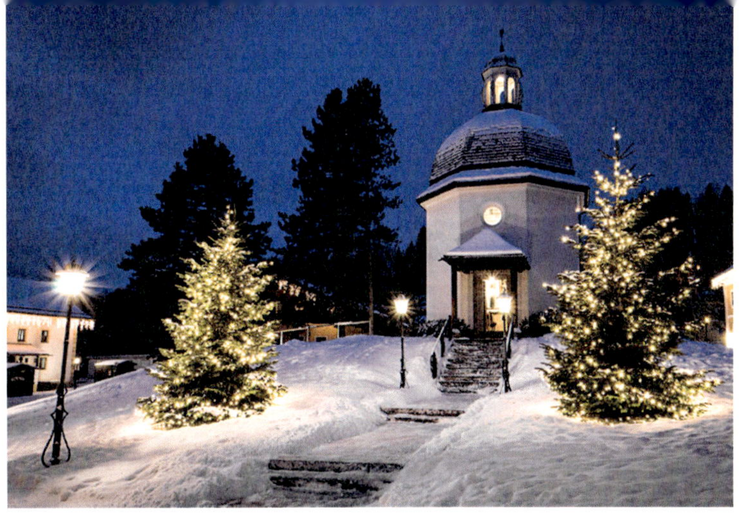

Stille-Nacht-Kapelle in Oberndorf

auch zur Belastung geworden, weil er einsam ist, Verluste erlitten hat oder sich aus welchem Grund auch immer vor den als unendlich lang empfundenen Feiertagen fürchtet. Auch deprimierende Erlebnisse verbinden viele Menschen mit dem Lied. Das ist die Kehrseite des Familienkults zu den Feiertagen, der sich Anfang des 19. Jahrhunderts entwickelt hat. „Stille Nacht“ ist zwischen Ende November und Ende Dezember immer irgendwie präsent, eine Chiffre für Weihnachten und all die positiven Gefühle, die mit dem Fest aller Feste einhergehen sollen. Das kann angesichts der Penetranz, mit der Innerlichkeit und Friedfertigkeit zu Weihnachten postuliert werden, zu einem Unbehagen bis hin zu einer Überforderung führen.

Doch es gibt auch noch das andere „Stille Nacht“ heute: wenn die Kerzen am Weihnachtsbaum im verdunkelten Wohnzimmer angezündet werden, erklingt „Stille Nacht“ in vielen Häusern rund um den Erdball. Das sind die erhabenen Momente, in denen die besondere Stimmung dieser anderen Nacht, die selbst abgebrühte Weihnachtsverweigerer einräumen müssen, auch durch Text und Musik dieses ewigen Liedes sinnlich erfahrbar wird. In diesen Momenten entzündet „Stille Nacht“ in den Herzen vieler Menschen die Liebe und macht aus dem 24. Dezember den Heiligen Abend.

Dokumente

Stille-Nacht-Text [218]

1. Stille Nacht! Heil'ge Nacht!
Alles schläft; Einsam wacht
Nur das traute, heilige Paar.
Holder Knab' im lockigen Haar;
Schlafe in himmlischer Ruh'!
Schlafe in himmlischer Ruh'!

2. Stille Nacht! Heil'ge Nacht!
Gottes Sohn! O! wie lacht
Lieb' aus deinem göttlichen Mund,
Da uns schlägt die rettende Stund;
Jesus! In Deiner Geburt!
Jesus! In Deiner Geburt!

3. Stille Nacht! Heil'ge Nacht!
Die der Welt Heil gebracht;
Aus des Himmels goldenen Höh'n,
Uns der Gnaden Fülle läßt seh'n
Jesum in Menschengestalt!
Jesum in Menschengestalt!

4. Stille Nacht! Heilige Nacht!
Wo sich heut alle Macht
Väterlicher Liebe ergoß
Und als Bruder huldvoll umschloß
Jesus die Völker der Welt,
Jesus die Völker der Welt.

5. Stille Nacht! Heil'ge Nacht!
Lange schon uns bedacht,
Als der Herr vom Grimme befreyt,
In der Väter urgrauer Zeit
Aller Welt Schonung verhieß!
Aller Welt Schonung verhieß!

6. Stille Nacht! Heil'ge Nacht!
Hirten erst kund gemacht
Durch der Engel „Hallelujah!"
Tönt es laut bey Ferne und Nah:
„Jesus der Retter ist da!"
„Jesus der Retter ist da!"

Authentische Veranlassung von Franz Xaver Gruber 30. Dezember 1854[219]

Authentische Veranlassung zur Composition des Weihnachtsliedes „Stille Nacht, heilige Nacht!"

Es war am 24t Dezember des Jahres 1818, als der damalige Hülfspriester Herr Josef Mohr bei der neu errichteten Pfarr St. Nicola in Oberndorf dem Organistendienst vertretenden Franz Gruber (damals zugleich auch Schullehrer in Armsdorf) ein Gedicht überreichte, mit dem Ansuchen eine hierauf passende Melodie für 2 Solo-Stimmen sammt Chor und für eine Guitarre=Begleitung schreiben zu wollen.

Letztgenannter überbrachte am nämlichen Abend noch diesem Musikkundigen Geistlichen, gemäß Verlangen, so /: wie selbe in Abschrift dem Original ganz gleich beiliegt, seine einfache Composition, welche sogleich in der heiligen Nacht mit allen Beifall produzirt wurde.

Herr Josef Mohr, als Verfasser dieses Gedichtes und mehrerer geistlicher Lieder, starb am 4. Dezember 1848 als würdiger Vicar zu Wagrein in Pongau.

Franz Gruber, gegenwärtiger Chorregent und Organist bei der Stadtpfarrkirche Hallein, der 3te Sohn eines armen Leinwebers zu Hochburg im Jahr 1787 geboren, kam, den Webestuhl verlassend, 18 Jahre alt zum H(errn) Georg Hartdobler Stadtpfarr = Organisten in Burghausen in die Lehre, und brachte es nach nur drei Monate lang erhaltenem Unterricht so weit, bei fig(urierten) Aemtern den Generalbaß auf der dortigen Orgel spielen zu können.

Im Jahr 1806 gieng er zum Schulfache und wurde ein Jahr darauf als Lehrer und Meßner bei der Nebenschule Armsdorf angestellt, versah von dort aus, als im Jahre 1816 bei der Territorial = Ausgleichung die Vorstadt Oberndorf von der Stadt Laufen getrennt wurde, mit Bewilligung seiner Obern (in Ermanglung eines passenden Individuums) den Cantors- und Organistendienst zu St. Nicola bis zum Jahre 1829, wo er dann nach Berndorf als Schullehrer befördert wurde. Im Jahre 1833 wurde ihm der bei der Stadtpfarrkirche Hallein erledigte Chorregentens- und Organistensdienst angetragen, welchen er auch auf sein Ansuchen erhielt. Von seinen 12 ehelich erzeugten Kindern leben noch 2 Söhne und 2 Töchter, sämmtlich musikalisch gebildet, wovon der ältere Sohn, welcher als Lehrer bei der k.k. Hauptschule in Hallein angestellt ist, schon mehrere gelungene Compositionen geliefert hat.

Da dieses Weihnachtslied durch einen bekannten Zillerthaler nach Tirol gekommen, dasselbe aber in einer Liedersammlung zu Leipzig etwas verändert erschienen ist, so beehrt sich der Verfasser dasselbe dem Originale gleichlautend beilegen zu dürfen.

Hallein, den 30t. Dezember 1854
Franz Gruber mp (manu propria = eigenhändig)
Stadtpfarr-Chorregent und Organist.

Die „Stille Nacht"-Autographen[220]

I Urschrift vom 24. Dezember 1818 – verschollen

II Bleistiftskizze für 2 Singstimmen und Chor
Verfasser: Franz Xaver Gruber, um 1854 (1931 entdeckt)
Vermutlich Vorlage für die Ergänzung zur „Authentischen Veranlassung" *[Stille-Nacht-Archiv, Hallein]*

III Fassung für 2 Solostimmen, Chor und Orgel
Druckfassung von 1885 nach einer Handschrift Grubers
Verfasser: Franz Xaver Gruber, um 1830
[Oberösterreichische Landesbibliothek, Linz]

IV „Halleiner Fassung" für 2 Solostimmen, vierstimmigen Chor, Flöte, 2 Klarinetten, Fagott, 2 Hörner, 2 Violinen, Kontrabass und Orgel
Verfasser: Franz Xaver Gruber, 12. Dezember 1836
Gilt als reifste musikalische Fassung der Original-Überlieferung
[Stille-Nacht-Archiv, Hallein]

V „Hornfassung" für 2 Solostimmen, 2 Hörner, Violoncello, Violine
Verfasser: Franz Xaver Gruber, um 1845
[Stille-Nacht-Archiv, Hallein]

VI Ergänzung zur „Authentischen Veranlassung"
Verfasser: Franz Xaver Gruber, 1854 – verschollen

VII Fassung für 2 Singstimmen und Orgel
Verfasser: Franz Xaver Gruber, um 1860 (entdeckt 1951)
[Musikaliensammlung des Salzburg-Museums]

VIII Fassung für 2 Singstimmen und Gitarrenbegleitung
Verfasser: Joseph Mohr, um 1820 (entdeckt 1995)
Früheste bekannte Überlieferung von „Stille Nacht"
[Musikaliensammlung des Salzburg-Museums]

Stille-Nacht-Orte

Stille-Nacht- und Heimatmuseum und Stille-Nacht-Kapelle
Stille-Nacht-Platz 7 · A-5110 Oberndorf bei Salzburg
www.stillenacht-oberndorf.at
Museum im ehemaligen Mesnerhaus, Denkmal vor der neuen Pfarrkirche, Gedächtniskapelle an Stelle der ehemaligen Pfarrkirche St. Nikola.

Franz-Xaver-Gruber-Museum
Stille-Nacht-Platz 1 · A-5112 Lamprechtshausen
www.stillenachtarnsdorf.at
Museum im Obergeschoss des alten Schulhauses, in dem Gruber von 1807 bis 1829 lebte.

Pfarr-, Wallfahrtsund Stille-Nacht-Museum
Pfarrstraße 19 · A-5571 Mariapfarr
www.stillenachtmuseum.at
Dokumentation zu Joseph Mohr und seiner Abstammung aus dem Lungau.

Stille-Nacht-Brunnen
Joseph-Mohr-Platz 1 · A-5571 Mariapfarr

Stille-Nacht-Museum, Gruber-Grab und Stille-Nacht-Archiv
Franz-Xaver-Gruber-Platz 1 · A-5400 Hallein
www.stillenachthallein.at
Ehemaliges Wohnhaus Grubers. Exponate zur Entstehungs- und Verbreitungsgeschichte des Liedes. Original-Gitarre. Archiv mit umfangreicher Dokumentation zum Lied.

Museum in der Widumspfiste Heimatund Museumsverein Fügen
Lindenweg 2 · A-6263 Fügen
www.hmv-fuegen.at
Sammlung des Stille-Nacht-Forschers Argus Rainer und Exponate zur Zillertaler Sängergeschichte und -kultur. Gemälde von Anton Ziegler über den ersten Auftritt der Strasser-Geschwister in Sachsen, bei dem „Stille Nacht" gesungen wurde.

Hintersee
Joseph-Mohr-Kapelle, Gedenktafel und Mohr-Gedenkstätte zur Erinnerung an Mohr und seine Zeit in Hintersee als Pfarrvikar von 1828 bis 1837.

Franz-Xaver-Gruber-Gedächtnishaus
Hochburg 2 · A-5122 Hochburg/Ach
www.fxgruber.at
Modell von Grubers Geburtshaus und ein Webstuhl, auf dem er angeblich das Weberhandwerk erlernte.

Museum Innviertler Volkskundehaus
Kirchenplatz 13 · A-4910 Ried im Innkreis
www.ried.at
Krippe, vor der 1818 in Oberndorf erstmals „Stille Nacht" gesungen wurde.

Stille-Nacht-Museum im Pflegerschlössl
Pflegerschlössl · A-5602 Wagrain
www.wagrain-kleinarl.at
Erinnerungsstücke mit Bezug zu Joseph Mohr in einem Barock-Juwel.

Strasserhäusl Laimach
A-6283 Hippach
Frühere Heimat der Sängerfamilie Strasser. Erinnerungsstücke in einem gut erhaltenen Holzblockbau.

Stille-Nacht-Archiv
DeTamble Bibliothek
St. Andrews Prebyterian College
Laurinburg North Carolina/USA

Zeittafel

1787	25. November 1787 Franz Xaver Gruber wird in der Steinpointsölde in Hochburg geboren
1792	11. Dezember 1792 Joseph Mohr wird in Salzburg geboren
1797 oder 1788	Domvikar Johann Hiernle sorgt für die Ausbildung von Joseph Mohr
1805	Franz Xaver Gruber nimmt Musikunterricht bei Georg Hartdobler, Organist in Burghausen
1806 – 1807	Lehramtsstudium Franz Xaver Grubers in Salzburg und Ried im Innkreis
1807 – 1829	Franz Xaver Gruber wirkt als Lehrer, Organist und Mesner in Arnsdorf
1807	6. Juli 1807 Hochzeit Franz Xaver Grubers mit Elisabeth Fischinger, der Witwe seines Vorgängers
1808 – 1811	Joseph Mohr studiert Philosophie an den Lyzeen in Kremsmünster und Salzburg
1811 – 1815	Joseph Mohr studiert Theologie in Salzburg. Abschluss mit summa cum laude
1815	21. August 1815 Joseph Mohr empfängt die Priesterweihe
1815	Joseph Mohr als Hilfspriester in Ramsau bei Berchtesgaden
1815 – 1817	Joseph Mohr als Coadjutor in der Pfarrei Mariapfarr im Lungau
1816	Joseph Mohr verfasst in Mariapfarr das Gedicht „Stille Nacht“

1817 – 1819	Joseph Mohr als Coadjutor in der Pfarrei St. Nicola in Oberndorf
1817	Beginn der lebenslangen Freundschaft zwischen Joseph Mohr und Franz Xaver Gruber
1818	24. Dezember 1818 Franz Xaver Gruber komponiert die Melodie für „Stille Nacht" „Stille Nacht" wird in der Christmette in St. Nicola in Oberndorf erstmals gesungen
1819 – 1820	Joseph Mohr als Coadjutor in der Pfarrei Kuchl
1819	22. Juli 1819 „Stille Nacht" im (verschollenen) Kirchenliederbuch von Blasius Wimmer, Organist und Lehrer in Waidring
1819	24. Dezember 1819 Die Rainer-Sänger singen „Stille Nacht" in der Kirche von Fügen im Zillertal
1820 – 1821	Joseph Mohr als Coadjutor in der Pfarrei Golling
1821 – 1822	Joseph Mohr als Coadjutor in der Pfarrei Vigaun. Aushilfen in Adnet und Krispl
1822 – 1824	Jospeh Mohr als Coadjutor in der Pfarrei Anthering
1822	Johann Baptist Weindl, Domchoralist und Stadtpfarrchorregent von Salzburg, zeichnet „Stille Nacht" auf Die Rainer-Sänger singen „Stille Nacht" anlässlich des Besuchs von Kaiser Franz I. und Zar Alexander I. im Schloss des Grafen Dönhoff in Fügen
1824 – 1827	Joseph Mohr als Coadjutor in der Pfarrei Eugendorf
1824	Ärztliches Attest bescheinigt Joseph Mohr Verdacht auf Lungenschwindsucht
1825	Franz Xaver Grubers erste Frau Elisabeth stirbt. Die beiden Kinder aus dieser Ehe sind zuvor verstorben

1826	Franz Xaver Gruber heiratet Maria Breitfuß. Zehn Kinder.
1827	Joseph Mohr als Vikariatsprovisor in der Pfarrei Hof bei Salzburg
1827	17. Juli 1827 Joseph Mohrs Mutter Anna Schoiberin stirbt in Salzburg an Lungenschwindsucht
1827 – 1837	Joseph Mohr als Vikariatsprovisor (1827–1828) und Vikar (1828–1837) in der Pfarrei Hintersee
1829 – 1835.	Franz Xaver Gruber als Lehrer, Organist und Meßner in Berndorf
1831	24. Dezember 1831 Erste Aufführung von „Stille Nacht" durch die Strasser-Geschwister in Leipzig
1832	15. Dezember 1832 Das „Leipziger Tagblatt" berichtet von einem Konzert der Familie Strasser, bei dem „Stille Nacht" vorgetragen wurde
1833	Im Notenheft „Vier ächte Tyroler Lieder" druckt der (vermutlich) Verlag A.R.Friese (Dresden/Leipzig) „Stille Nacht" in erheblicher Veränderung und ohne Nennung der Autoren ab
1835 – 1863	Franz Xaver Gruber als Lehrer, Chorregent und Organist in der Pfarrei Hallein
1835	Franz Xaver Gruber beendet seine Lehrertätigkeit und widmet sich ganz der Musik
1837 – 1848	Joseph Mohr als Vikar in der Pfarrei Wagrain
1838	5. November 1838 Erzbischof Friedrich Fürst Schwarzenberg weiht in Wagrain das neue Schulhaus ein, dessen Bau auf eine Initiative Joseph Mohrs zurückgeht
1839	Die Rainer-Sänger bringen „Stille Nacht" in die USA

1841	Franz Xaver Grubers zweite Frau Maria stirbt. Von den zehn Kindern überleben vier
1842	Franz Xaver Gruber heiratet seine dritte Frau Katharina Wimmer
1848	4. Dezember 1848 Joseph Mohr stirbt in Wagrain wenige Tage vor seinem 56. Geburtstag an einer Lungenentzündung. Beerdigung am 6. Dezember auf dem Friedhof von Wagrain
1854	30. Dezember 1854 „Authentische Veranlassung" Franz Xaver Grubers auf Veranlassung einer Nachfrage der Königlich Preußischen Hofkapelle zur Autorenschaft von „Stille Nacht"
1863	7. Juni 1863 Franz Xaver Gruber stirbt im Alter von 76 Jahren. Beisetzung vor seinem Wohn und Sterbehaus gegenüber der Stadtpfarrkirche
1866	Erstmalige Aufnahme von „Stille Nacht" in ein offizielles Kirchenliederbuch in Salzburg
1873	Urheberstreit. Wird erst 1897 beigelegt
1906	Die Pfarrkirche St. Nicola in Oberndorf wird abgetragen
1918	Die geplante 100-Jahr-Feier des Stille-Nacht-Lieds findet wegen der Wirren des Ersten Weltkriegs nicht statt
1924	Grundsteinlegung für die Stille-Nacht-Gedächtniskapelle
1928	Der Bildhauer und Priester Joseph Mühlbacher gestaltet ein Denkmal für Joseph Mohr und Franz Xaver Gruber, das 1928 an der Pfarrkirche Oberndorf angebracht und später am Kirchplatz angebracht wird

1930	Anlässlich der 700-Jahr-Feier der Stadt Hallein wird der Platz bei der Stadtpfarrkirche nach Franz Xaver Gruber benannt
1937	16. August 1937 Die Stille-Nacht-Gedächtniskapelle in Oberndorf wird auf dem Bauschutthügel der früheren Pfarrkirche St. Nicola unter Anwesenheit des österreichischen Bundeskanzlers Kurt Schuschnigg eingeweiht
1967	Neugestaltung des Stille-Nacht-Bezirks in Oberndorf
1972	15. Mai 1972 Gründung der Stille-Nacht-Gesellschaft in Salzburg (Gründungsfestakt: 10.12.1972 in der Salzburger Residenz)
1985	Einrichtung des Stille-Nacht und Heimatmuseums in einem ehemaligen Schifferhaus im Stille-Nacht Bezirk in Oberndorf
1995	Der einzige Autograph aus der Hand von Joseph Mohr wird in Salzburg identifiziert und am 8. Dezember 1995 der Öffentlichkeit präsentiert

Quellenverzeichnis

Archiv des Deutschen Alpenvereins (DAV)

Vier ächte Tyroler Lieder für Sopran-Solo oder für 4 Stimmen mit willkührlicher Begleitung des Piano-Forte; gesungen von den Geschwistern Strasser aus dem Zillerthale; treu diesen trefflichen Natursängern: Sign. 2001/55 C 1801

Archiv des Deutschen Liturgischen Instituts Trier (DLI)

Der heilige Gesang zum Gottesdienste in der römisch=katholischen Kirche, Salzburg 1784: SDE 2/004

Archiv der Erzdiözese Salzburg (AES)

Personalakte Joseph Mohr: 12/72 - AT-AES 2.17.A2 Personalakte Joseph Mohr: 6/56/14

Österreichische Nationalbibliothek Wien

Stimmabschrift Joseph Mohr: SUPPL. MUS. No. 13876

Stille-Nacht-Archiv Hallein (SNA)

Ordner 27

Literaturverzeichnis

Einzeldarstellungen

_ Becker, Hansjakob u.a. (Hg.), Geistliches Wunderhorn, Große deutsche Kirchenlieder, München 2001

_ Becker-Huberti: Feiern-Feste-Jahreszeiten. Lebendige Bräuche im ganzen Jahr – Geschichte und Geschichten, Lieder und Legenden, Freiburg/Basel/Wien 2001

_ Bletzacher, Joseph: Geschichte eines deutschen Weihnachtsliedes, in: Die Gartenlaube, (39)1891, S. 98f. 164

_ Bleyer, Alexandra: Das System Metternich. Die Neuordnung Europas nach Napoleon, Darmstadt 2014

_ Bohl, Gottfried: 2018 ist ein „Stille-Nacht-Jahr", in: Paulinus. Wochenzeitung im Bistum Trier, 21. Januar 2018.

_ Bolay, Karl-Heinz: Deutsche Weihnacht. Ein Wegweiser für Gemeinschaft, Berlin o.J.

_ Claussen, Johann Hinrich: Gottes Klänge. Eine Geschichte der Kirchenmusik, München 2014

_ Cullmann, Oscar: Die Entstehung des Weihnachtsfestes und die Herkunft des Weihnachtsbaumes, Stuttgart 1990

_ Dopsch, Heinz / Spatzenegger, Hans: Geschichte Salzburgs. Stadt und Land, Bd. II/2 und 3, Salzburg 1995

_ Ebeling-Winkler, Renate: Mohrs „Stille Nacht"-Autograph aus dem Jahr 1816 entdeckt", in: Blätter der Stille-Nacht-Gesellschaft 36(1995), S.1–2

_ Eggebrecht, Hans Heinrich: Musik im Abendland. Prozesse und Stationen vom Mittelalter bis zur Gegenwart, München 1996

_ Ekirch, A. Roger: In der Stunde der Nacht. Eine Geschichte der Dunkelheit, Bergisch Gladbach 2006

_ Ernst, Eugen: Stille Nacht war ein Schnellschuss, wurde vergessen, neu entdeckt und entartet, in: Frankfurter Neue Presse, 24.12.2016

_ Fischer, Ernst Peter: Durch die Nacht. Eine Naturgeschichte der Dunkelheit, München 2015

_ Friedell, Egon: Kulturgeschichte der Neuzeit, München 1989

Fuchs, Guido: Unsere Weihnachtslieder und ihre Geschichte, Freiburg/Basel /Wien 2009

_ Gassner, Joseph: Franz Xaver Grubers Autographen von „Stille Nacht Heilige Nacht". Mit einer kurzen Geschichte des Liedes, in: Salzburger Museum Carolino Augusteum. Jahresschrift Bd. 3 (1957), Salzburg 1958, S. 83–112 (auch als Sonderdruck Oberndorf 1968)

_ Gallico, Paul: The Story of Silent Night, New York 1967

_ Gehmacher, Max: Stille Nacht, heilige Nacht! Das Weihnachtslied – wie es entstand und wie es wirklich ist, Oberndorf 1988

_ Grundner, Luis: Stille Nacht, heilige Nacht. Geschichte unseres Weihnachtsliedes, Salzburg 1950

_ Haarhaus, Friedrich: Stille Nacht, heilige Nacht. Wissenswertes zu den schönsten Advents- und Weihnachtsliedern, Leipzig 2005

_ Herbst, Wolfgang: Stille Nacht! Heilige Nacht! Die Erfolgsgeschichte eines Weihnachtsliedes, Zürich/Mainz 2002

_ Herbst, Wolfgang: Das Stille-Nacht-Lied im deutschen Luthertum, in: Salzburger Volkskultur 25(2001), Heft 2

_ Herm, Gerhard: Glanz und Niedergang des Hauses Habsburg, Bd. 2, Düsseldorf/Wien/New York 1989

_ Hintermaier, Ernst: Franz Xaver Gruber / Joseph Mohr – Weihnachtslied

„Stille Nacht! Heilige Nacht!". Die autographen Fassungen und die zeitgenössischen Überlieferungen, in: Denkmäler der Musik in Salzburg. Einzelausgaben, Heft 4, Bad Reichenhall 1987

_ Hintermaier, Ernst: War der Dichter von „Stille Nacht, heilige Nacht" Verfasser auch anderer geistlicher Texte?, in: Mitteilungen der Gesellschaft für Salzburger Landeskunde 140(2000), S. 59–70

_ Hlavac, Dietlinde: Joseph Mohr (1792–1848). Das Leben des Stille Nacht-Dichters, Berchtesgaden 2015

_ Hochradner, Thomas (Hg.): „Stille Nacht! Heilige Nacht!" zwischen Nostalgie und Realität, Salzburg 2002

_ Hochradner, Thomas / Walterskirchen, Gerhard: 175 Jahre „Stille Nacht! Heilige Nacht!" (Veröffentlichungen zur Salzburger Musik geschichte, Bd. 5), Salzburg 1994

_ Hochradner, Thomas / Walterskirchen, Gerhard (Hg.): Stille Nacht. Die Autographen von Joseph Mohr und Franz Xaver Gruber. Mit Dokumenten zur Geschichte des Liedes, München 2008 (Denkmäler der Musik in Salzburg, Bd. 15)

_ Holzner, Anna / Neumayr, Eva: Franz Xaver Gruber. Zeichner und Maler, Organist und Komponist, Oberndorf 2013

_ Hosp, Eduard, Kirche Österreichs im Vormärz 1815–1850, Wien 1971

_ Hupfauf, Sandra: Die Lieder der Geschwister Rainer und „Rainer Family" aus dem Zillertal. Untersuchungen zur Popularisierung von 166 Tiroler Liedern in Deutschland, England und Amerika (Schriften zur musikalischen Ethnologie, Bd. 5), Innsbruck 2016

_ Jürgs, Michael: Der kleine Frieden im Großen Krieg. Westfront 1914: Als Deutsche, Franzosen und Briten gemeinsam Weihnachten feierten, München 2003

_ King, David: Wien 1814. Von Kaisern, Königen und dem Kongress, der Europa neu erfand, München 2014

_ Klotz, Petrus: Was ich unter Palmen fand. Aus dem Skizzenbuch eines Orientfahrers, Freiburg i.Br. 1922

_ Lammel, Inge: Das Arbeiterlied, Leipzig 1970

_ Lentz, Thierry: 1815. Der Wiener Kongress und die Neugründung Europas, München 2014

_ Marti, Andreas: „Stille Nacht! Heilige Nacht" RG 412. Ein „selbst verständliches" Lied der Kernliederliste, in: Musik und Gottesdienst (65)2011, S. 300ff.

_ Mazohl-Wallnig, Brigitte: Zeitenwende 1806. Das Heilige Römische Reich und die Geburt des modernen Europa, Wien/Köln/Weimar 2005

_ Morgner, Christoph: Stille Nacht. Gedanken zu unserem bekanntesten Weihnachtslied, Lahr 2000.

_ Mühlmann, Josef: Franz Xaver Gruber. Sein Leben, Salzburg 1966

Neuhardt, Johannes: Wallfahrten im Erzbistum Salzburg, München/Zürich 1982

_ Novalis: Hymnen an die Nacht, in: ders.: Werke, Tagebücher und Briefe Friedrich von Hardenbergs, 3 Bde., hg. von Hans-Joachim Mähl und Richard Samuel, Darmstadt 1999

_ Pahlen, Kurt: Die große Geschichte der Musik, München 1996

_ Pauli, Hertha: Ein Lied vom Himmel. Die Geschichte von „Stille Nacht", Wien 1954

_ Peterlechner, Franz: „Stille Nacht Heilige Nacht". Die Geschichte eines Volksliedes, Linz 1917

_ Petri, Horst: Das Drama der Vaterentbehrung, Freiburg i.Br. 1999

Posener, Alan: Wo wurde Jesus denn nun geboren? In: Die Welt, 17. Dezember 2009

_ Prieberg, Fred K., Musik im NS-Staat, Frankfurt/Main 1982

Rahner, Karl / Vorgrimler, Herbert: Kleines Konzilskompendium, Freiburg i.Br. 2008

_ Reiter, Martin: Die Zillertaler Nationalsänger im 19. Jahrhundert, Sankt Gertraudi 1989 .

_ Ritschel, Karl Heinz: Vor 150 Jahren starb Joseph Mohr, in: Salzburger Museumsblätter, Jg. 59, Heft 10(1998), S. 2–3

_ Ruszkowski, Jürgen: Johann Hinrich Wichern – Herold der Barmherzigkeit: Leben, Werk, Tragik und Vermächtnis – und die Ge schichte des Rauhen Hauses, Hamburg 2014

_ Safranski, Rüdiger: Romantik. Eine deutsche Affäre, München 2007

_ Schaaf, Julia: Unser erstes Weihnachten, in: Frankfurter Allgemeine Sonntagszeitung, 24. Dezember 2017.

_ Schaub, Franz: Stille Nacht, heilige Nacht. Die Geschichte eines weltberühmten Liedes, Husum 1992.

_ Schilf, Hanno: Stille Nacht. Eine Weihnachtsgeschichte. München/ Wien 1996

_ Schmaus, Alois / Kriss-Rettenbeck, Lenz (Hg.): Stille Nacht, Heilige Nacht. Geschichte und Ausbreitung eines Liedes, Innsbruck/München 1968.

_ Seliger, Marco: Die Leere in unserer Mitte, in: FAZ 23. Dezember 2017

_ Spies, Hermann, Über Joseph Mohr, den Dichter von „Stille Nacht, heilige Nacht" (Salzburg 1792–1848), in: Mitteilungen der Gesellschaft für Salzburger Landeskunde 84/85(1944/45), S. 122–141

_ Sternburg, Wilhelm von: Als Metternich die Zeit anhalten wollte. Unser langer Weg in die Moderne, München 2003

_ Stille Nacht – heilige Nacht. Ein Führer durch die Gedächtnisstätten des Weihnachtsliedes, Lamprechtshausen 2008

_ Wahle, Stephan: Das Fest der Menschwerdung. Weihnachten in Glaube, Kultur und Gesellschaft, Freiburg/Basel/Wien 2015

_ Whaley, Joachim: Das Heilige Römische Reich Deutscher Nation, Bd. II Vom Westfälischen Frieden zur Auflösung des Reichs 1648 1806, Darmstadt 2014

_ Weber-Kellermann, Ingeborg: Das Weihnachtsfest. Eine Kultur und Sozialgeschichte der Weihnachtszeit, Luzern/Frankfurt 1978

_ Weinmann, Karl: „Stille Nacht, heilige Nacht". Die Geschichte des Liedes zu seinem 100. Geburtstag, Regensburg/Rom/Wien 1918
_ Wetz, Franz Josef: Die Magie der Musik. Warum uns Töne trösten, Stuttgart 2004
_ Wicke, Peter: Von Mozart zu Madonna. Eine Kulturgeschichte der Popmusik, Leipzig 1998
_ Wenisch, Ernst: Der Kampf um den Bestand des Erzbistums Salzburg 1743–1825, Teil I, in: Mitteilungen der Gesellschaft für Salzburger Landeskunde 106(1966), S. 303–346
_ Wichern, Johann Hinrich: Sämtliche Werke, hg. Von Peter Mein hold, Bd. 7, Hamburg 1975
_ Zaisberger, Friederike: Geschichte Salzburgs, Wien/München 1998

Periodika

_ Blätter der Stille-Nacht-Gesellschaft
_ Mitteilungen der Gesellschaft für Salzburger Landeskunde
_ Salzburger Museumsblätter, hg. vom Salzburger Museumsverein
Salzburger Volkskultur

Links

_ Bammersberger, Alfred: Der Streit um ‚Stille Nacht'. Vor 110 Jahren verteidigte der Eichstätter Wilhelm Widmann Melodie und Text des Weihnachtsliedes, Donaukurier vom 23. Dezember 2012: http://www.donaukurier.de/lokales/eichstaett/Eichstaett-Der Streit-um-Stille-Nacht;art575,2697900

_ Brückner, Dominik: Wortgeschichtliches in „Stille Nacht": http://www.stillenacht.at/de/forschung-details.asp?id=217

_ Natursänger Rainer und der Weltruf des Tiroler Nationalgesangs: http://musikgeschichten.musikland-tirol.at/content/musikintirol/info/natursaenger-ludwig-rainer.html

_ Deutscher Wetterdienst: http://www.dwd.de/DE/leistungen/besondereereignisse/verschiedenes/1816_tambora_global.pdf?_blob=publicationFile&v=1

_ Emnid-Umfrage von Dezember 2016 zu den beliebtesten Weihnachtsliedern: http://www.thueringer-allgemeine.de/web/zgt/leben/detail/-/specific/Umfrage-Stille-Nacht-heilige-Nacht-beliebtestes-Weihnachtslied-1535199526

_ Österreichisches Biographisches Lexikon, Eintrag „Rainer, Ludwig" http://www.biographien.ac.at/oebl/oebl_R/Rainer_Ludwig_1821_ 1893.xml

_ Österreichisches Musiklexikon online: http://www.musiklexikon.ac.at/ml/musik_G/Gruber_Familie.xml

_ Schmidt, Veronika: Zillertaler Volksmusik eroberte die USA, Die Presse 24. Februar 2013: http://diepresse.com/home/science/1348340/Zillertaler-Volksmusik-eroberte-die-USA

_ Statista-Umfrage von 2016 zu den beliebtesten Weihnachtsliedern: https://de.statista.com/statistik/daten/studie/74105/umfrage/beliebteste-weihnachtslieder-der-deutschen/

_ Stille-Nacht-Gesellschaft: www.stillenacht.at

_ Yougov-Umfrage vom 14.12.2016 zu den beliebtesten Weihnachtsliedern: https://yougov.de/news/2016/12/14/das-sind-die-beliebtesten-weihnachtslieder-der-deu/

Anmerkungen

[1] Meldung der Nachrichtenagentur dpa von Dezember 1987, zit. nach: Linder-Beroud, Waltraud: „O Tante Baum ..." und „Stille Macht". Themen und Typen der Weihnachtsliedparodie, in: Hochradner, Thomas / Walterskirchen, Gerhard: 175 Jahre „Stille Nacht! Heilige Nacht!" (Veröffentlichungen zur Salzburger Musikgeschichte, Bd. 5), Salzburg 1994, S. 121.

[2] Weinmann, Karl, „Stille Nacht, heilige Nacht". Die Geschichte des Liedes zu seinem 100. Geburtstag, Regensburg/Rom/Wien 1918, S. 8.

[3] Ebda.

[4] Herbst, Wolfgang: Stille Nacht! Heilige Nacht! Die Erfolgsgeschichte eines Weihnachtsliedes, Zürich/Mainz 2002, S. 9.

[5] Vgl. Hlavac, Dietlinde: Joseph Mohr (1792–1848). Das Leben des Stille-Nacht-Dichters, Berchtesgaden 2015, S. 85.

[6] Heinisch, Reinhard Rudolf: Salzburg zur Zeit von Franz Xaver Gruber und Joseph Mohr, in: Hochradner, Thomas / Walterskirchen, Gerhard: 175 Jahre „Stille Nacht! Heilige Nacht!" (Veröffentlichungen zur Salzburger Musikgeschichte, Bd. 5), Salzburg 1994, S. 11.

[7] Ortner, Franz: Die Kirche von Salzburg im Vormärz, in: Hochradner, Thomas (Hg.): „Stille Nacht! Heilige Nacht!" zwischen Nostalgie und Realität, Salzburg 2002, S. 39.

[8] Hlavac, Dietlinde: Joseph Mohr, a.a.O. S. 74.

[9] Vgl. Ritschel, Karl Heinz: Vor 150 Jahren starb Joseph Mohr, in: Salzburger Museumsblätter, Jg. 59, Heft 10 (1998), S. 2.

[10] Herbst, Wolfgang: Stille Nacht! Heilige Nacht! Die Erfolgsgeschichte eines Weihnachtsliedes, a.a.O., S. 52.

[11] Vgl. Gassner, J.: Franz Xaver Grubers Autographen von „Stille Nacht Heilige Nacht". Mit einer kurzen Geschichte des Liedes, in: Schmaus, Alois/Kriss-Rettenbeck, Lenz (Hg.): Stille Nacht, Heilige Nacht. Geschichte und Ausbreitung eines Liedes, Innsbruck/München 1968, S. 24.

[12] Ritschel, Karl Heinz, a.a.O., S. 2.

[13] Mühlmann, Josef: Franz Xaver Gruber. Sein Leben, Salzburg 1966, S. 42.

[14] Vgl. Ritschel, Karl Heinz, a.a.O., S. 2.

[15] Vgl. Haas, Walburga: Zum kulturellen Umfeld der Entstehungszeit von „Stille Nacht! Heilige Nacht" aus volkskundlicher Sicht, in: Hochradner, Thomas / Walterskirchen, Gerhard: 175 Jahre „Stille Nacht! Heilige Nacht!" a.a.O., S. 24.

[16] Vgl. Ritschel, Karl Heinz, a.a.O., S. 3.

[17] Herm, Gerhard: Glanz und Niedergang des Hauses Habsburg, Düsseldorf/ Wien/New York 1989, S. 239.

[18] Vgl. ebda., S. 262.

[19] Vgl. Haeseler, Susanne: Der Ausbruch des Vulkans Tambora in Indonesien im Jahr 1815 und seine weltweiten Folgen, insbesondere das ‚Jahr ohne Sommer' 1816 (27. Juli 2016), http:// www.dwd.de/DE/leistungen/besondereereignisse/verschiedenes/1816_tambora_global.pdf?__blob=publicationFile&v=1

[20] Ebda., S. 8.

[21] Ortner, Franz: Die Kirche von Salzburg im Vormärz, a.a.O., S. 39.

[22] Vgl. Neureiter, Michael/Pritz, Christa: Mariapfarr 1816. Das Jahr in dem Joseph Mohr das Gedicht „Stille Nacht" schrieb, in: Blätter der Stille-Nacht-Gesellschaft 55(2016), S. 1.

[23] Herbst, Wolfgang: Stille Nacht! Heilige Nacht!, a.a.O., S. 54.

[24] Vgl. Ernst, Eugen: Stille Nacht war ein Schnellschuss, wurde vergessen, neu entdeckt und entartet, in: Frankfurter Neue Presse, 24.12.2016

[25] Ebda.

[26] Die „Authentische Veranlassung" ist komplett abgedruckt in: Hochradner, Thomas/Walterskirchen, Gerhard (Hg.): Stille Nacht. Die Autographen von Joseph Mohr und Franz Xaver Gruber. Mit Dokumenten zur Geschichte des Liedes, München 2008, S. 10. Gruber wählte für die Ortsbezeichnung Arnsdorf die damals noch übliche ältere Schreibweise Armsdorf. Vgl. die vollständige Abschrift in der Dokumentation auf Seite 151 f.

[27] So definiert es Johann Heinrich Zedler, Grosses vollständiges Universal-Lexikon, Bd. 46, Leipzig und Halle 1746, Sp. 88.

[28] Vgl. Hochradner, Thomas „Stille Nacht!“ Glossar, in: Blätter der Stille-Nacht-Gesellschaft 43/2005), S. 4.

[29] Hintermeier, Ernst: Franz Xaver Gruber / Joseph Mohr – Weihnachtslied „Stille Nacht! Heilige Nacht!“. Die autographen Fassungen und die zeitgenössischen Überlieferungen, in: Denkmäler der Musik in Salzburg. Einzelausgaben, Heft 4, Bad Reichenhall 1987, S. VI.

[30] Gehmacher, Max, Stille Nacht, heilige Nacht! Das Weihnachtslied – wie es entstand und wie es wirklich ist, Oberndorf 1988, S. 8f.

[31] Gruber erinnerte sich in der „Authentischen Veranlassung“, dass er erst am Heiligabend selbst Mohrs Gedicht zur Vertonung erhalten habe. Wolfgang Herbst hegt daran Zweifel und geht davon aus, dass Gruber mehr Zeit für die Komposition hatte. Vgl. Herbst, Wolfgang: Stille Nacht! Heilige Nacht! a.a.O., S. 66.

[32] Vgl. Wahle, Stephan, Das Fest der Menschwerdung. Weihnachten in Glaube, Kultur und Gesellschaft, Freiburg/Basel/Wien, S. 309f.

[33] Vgl. Weinmann, Karl: Stille Nacht, heilige Nacht, a.a.O., S. 12.

[34] Vgl. Hlavac, Dietlinde, Joseph Mohr a.a.O., S. 113.

[35] Vgl. Ortner, Franz: Die Kirche von Salzburg im Vormärz, in: Hochradner, Thomas (Hg.): „Stille Nacht! Heilige Nacht!“ zwischen Nostalgie und Realität, a.a.O., S. 41.

[36] Dies bestätigte schon Grubers Enkel Professor Franz Xaver Gruber, vgl. Waltherskirchen, Gerhard: Stille Nacht. Die Autographen von Joseph Mohr und Franz Xaver Gruber, in: Blätter der Stille-Nacht-Gesellschaft 46(2008), S. 2.

[37] Weinmann, Karl: „Stille Nacht, heilige Nacht“, a.a.O., S. 17.

[38] Vgl. Hochradner, Thomas/Walterskirchen, Gerhard (Hg.): Stil le Nacht. Die Autographen von Joseph Mohr und Franz Xaver Gruber, a.a.O., S. 10.

[39] Ernst, Eugen: Stille Nacht war ein Schnellschuss, wurde vergessen, neu entdeckt und entartet, a.a.O.

[40] Vgl. Holzner, Anna: Die Odyssee der Mohr-Gitarre, in: Blätter der Stille-Nacht-Gesellschaft 55(2016), S. 3.

[41] Ebda., S. 3

[42] Ebda.

[43] Vgl. Hlavac, Dietlinde: Joseph Mohr, a.a.O, S. 65.

[44] Vgl. ebda.

[45] Vgl. Waltherskirchen, Gerhard, a.a.O., S. 2.

[46] Vgl. ebda.

[47] Vgl. Hochradner, Thomas, „Stille Nacht!" Glossar, a.a.O., S. 6.

[48] Josef Gassner weist 1968 akribisch nach, dass diese Fassung aller Wahrscheinlichkeit nach 1820 entstanden sein muss, vgl. Gassner, J., Franz Xaver Grubers Autographen von „Stille Nacht heilige Nacht", a.a.O., S. 42. Herbst geht hingegen 2002 davon aus, dass diese Fassung „wahrscheinlich aus dem Jahr 1854" stammt und die Grundlage für die der „Authentischen Veranlassung" beigefügten verschollenen Abschrift darstellt. Vgl. Herbst, Wolfgang: Stille Nacht! Heilige Nacht!, a.a.O., S. 13.

[49] Hochradner, Thomas/Walterskirchen, Gerhard (Hg.): Stille Nacht. Die Autographen von Joseph Mohr und Franz Xaver Gruber. a.a.O., S. 17.

[50] Vgl. ebda., S. 19.

[51] Vgl. Hochradner, Thomas, „Stille Nacht!" Glossar, a.a.O., S. 5 so wie Gassner, J. „Franz Xaver Grubers Autographen von Stille Nacht heilige Nacht", a.a.O., S. 56 sowie Hochradner, Thomas/ Walterskirchen, Gerhard (Hg.): Stille Nacht. Die Autographen von Joseph Mohr und Franz Xaver Gruber, a.a.O., S. 24.

[52] Vgl. Herbst, Wolfgang: Stille Nacht! Heilige Nacht!, a.a.O., S. 15.

[53] Vgl. Gassner, J. „Franz Xaver Grubers Autographen von Stille Nacht heilige Nacht", a.a.O., S. 57f.

[54] Schaub, Franz: Stille Nacht, heilige Nacht. Die Geschichte eines weltberühmten Liedes, Husum 1992, S. 12.

[55] Vgl. Hochradner, Thomas, „Stille Nacht!" Glossar, a.a.O., S. 4.

[56] Herbst, Wolfgang: Stille Nacht! Heilige Nacht! a.a.O., S. 12.

[57] Vgl. http://www.musiklexikon.ac.at/ml/musik_G/Gruber_Fami lie.xml

[58] Herbst, Wolfgang: Stille Nacht! Heilige Nacht! a.a.O., S. 107.

[59] Cullmann, Oscar: Die Entstehung des Weihnachtsfestes und die Herkunft des Weihnachtsbaumes, Stuttgart 1990, S. 28.

[60] Ebda., S. 32.

[61] Ebda., S. 64f.

[62] Vgl. Kammerhofer-Aggermann, Ulrike: Die Entstehung des bürgerlichen Weihnachtsfestes, in: Hochradner, Thomas (Hg.): „Stille Nacht! Heilige Nacht!“ zwischen Nostalgie und Realität, a.a.O., S. 92.

[63] Vgl. Cullmann, Oscar: Die Entstehung des Weihnachtsfestes und die Herkunft des Weihnachtsbaumes, a.a.O., S. 132.

[64] Vgl. Kammerhofer-Aggermann, Ulrike: Die Entstehung des bürgerlichen Weihnachtsfestes, a.a.O., S. 92

[65] Vgl. Weber-Kellermann, Ingeborg: Das Weihnachtsfest. Eine Kultur und Sozialgeschichte der Weihnachtszeit, Luzern/ Frankfurt a.M. 1978, S. 46.

[66] Ebda., S. 51.

[67] Vgl. Herbst, Wolfgang: Stille Nacht! Heilige Nacht! a.a.O., S. 23.

[68] Weinmann, Karl: „Stille Nacht, heilige Nacht“, a.a.O., S. 18.

[69] Vgl. Hlavac, Dietlinde: Joseph Mohr a.a.O., S. 38.

[70] Hlavac, Dietlinde: Joseph Mohr und Franz X. Gruber: Eine Lebensfreundschaft, in: Blätter der Stille Nacht Gesellschaft, 51(2012), S. 5.

[71] Vgl. http://www.salzburg.com/wiki/index.php/Franz_Joseph_ Wohlmuth

[72] Petri, Horst: Das Drama der Vaterentbehrung, Freiburg i.Br. 1999, S. 213.

[73] Vgl. Hintermaier, Ernst: Das Priesterleben Joseph Mohrs, in: Hochradner, Thomas (Hg.): „Stille Nacht! Heilige Nacht!“ zwischen Nostalgie und Realität, a.a.O., S. 66.

[74] Vgl. Hlavac, Dietlinde: Joseph Mohr, a.a.O., S. 75.

[75] Vgl. ebda.

[76] Vgl. Ritschel, Karl Heinz: Vor 150 Jahren starb Joseph Mohr, in: Salzburger Museumsblätter 59. Jg. Nr. 10, 1998,. 2f.

[77] Hintermaier, Ernst: Das Priesterleben Joseph Mohrs, a.a.O., S. 68.

[78] Vgl. Hlavac, Dietlinde: Joseph Mohr, a.a.O., S. 75.

[79] Zit. nach ebda.

[80] Vgl. DLI, SDE 2/004

[81] Ortner, Franz: Die Kirche im Vormärz, in: Hochradner, Thomas (Hg.), „Stille Nacht! Heilige Nacht!" zwischen Nostalgie und Realität, a.a.O., S. 42.

[82] Vgl. Holl, Hildemar: Die Dichtkunst Joseph Mohrs und die Lyrik des Biedermeier in Salzburg, in: Hochradner, Thomas (Hg.): „Stille Nacht! Heilige Nacht!" zwischen Nostalgie und Realität, a.a.O., S. 147ff. sowie Hintermaier, Ernst: War der Dichter von „Stille Nacht, Heilige Nacht" Verfasser auch anderer geistlicher Texte?, in: Mitteilungen der Gesellschaft für Salzburger Landeskunde, 140(2000), S. 59f.

[83] Holl, Hildmar, a.a.O., S. 149.

[84] Vgl. Herbst, Wolfgang, Stille Nacht! Heilige Nacht!, a.a.O., S. 24.

[85] Vgl. Hlavac, Dietlinde: Joseph Mohr, a.a.O., S. 77.

[86] Mühlmann, Josef: Franz Xaver Gruber, a.a.O., S. 26.

[87] Vgl. Ritschel, Karl Heinz, a.a.O., S. 12.

[88] Vgl. Gassner, J., Franz Xaver Grubers Autographen von „Stille Nacht heilige Nacht" a.a.O., S. 26.

[89] Ebda., S. 166.

[90] Zit. nach Herbst, Wolfgang: Stille Nacht! Heilige Nacht!, a.a.O., S. 31.

[91] Vgl. Hlavac, Dietlinde: Joseph Mohr, a.a.O., S. 107.

[92] Zit. nach Gassner, J., Franz Xaver Grubers Autographen von „Stille Nacht heilige Nacht", S. 26.

[93] Vgl. Hlavac, Dietlinde, Joseph Mohr a.a.O., S. 111.

[94] Vgl. ebda., S. 113.

[95] Vgl. Mühlmann, Josef: Franz Xaver Gruber, a.a.O., S. 6.

[96] „Authentische Veranlassung", in: Hochradner, Thomas/Wal terskirchen, Gerhard (Hg.): Stille Nacht. Die Autographen von Joseph Mohr und Franz Xaver Gruber, a.a.O., S. 10.

97 Mühlmann, Josef: Franz Xaver Gruber, a.a.O., S. 31.

98 Vgl. ebda., S. 33.

99 Zit. nach ebda., S. 33f.

100 Ebda., S. 35.

101 Vgl. Hiebl, Ewald: „Alles schläft..." Hallein zur Zeit Franz Xaver Grubers und Joseph Mohrs, in: Hochradner, Thomas (Hg.): „Stille Nacht! Heilige Nacht!" zwischen Nostalgie und Realität, a.a.O., S. 75.

102 Weinmann, Karl: „Stille Nacht, heilige Nacht", a.a.O., S. 23

103 Herbst, Wolfgang: Stille Nacht! Heilige Nacht!, a.a.O., S. 30.

104 Vgl. ebda., S. 61.

105 Zit. nach Mühlmann, Josef: Franz Xaver Gruber, a.a.O., S. 27.

106 Vgl. Börngen, Freimut: Mohr und Gruber am Himmel geehrt, in: Blätter der Stille-Nacht-Gesellschaft (42)2004, S. 4f.

107 Vgl. Hlavac, Dietlinde: Joseph Mohr, a.a.O., S. 61.

108 So die Auskunft von Michael Neureiter an den Autor, 18. September 2017.

109 Herbst, Wolfgang: Stille Nacht! Heilige Nacht! a.a.O., S. 70f.

110 Es ist umstritten, ob das Konzert in der Kapelle oder im Hof der Pleißenburg stattfand. Ersteres berichtete Joseph Bletzacher in der Gartenlaube. Vgl. Bletzacher, Joseph: Geschichte eines deutschen Weihnachtsliedes, in: Die Gartenlaube, (39)1891, S. 98. Neuere Forschungen gehen davon aus, dass das Konzert im Hof stattfand. Vgl. Reiter, Martin: Die Zillertaler Nationalsänger im 19. Jahrhundert, St. Gertraudi 1989, S. 78.

111 Allgemeine musikalische Zeitung, 34(1832) Nr. 5, S. 78

112 Zit. nach Schmidt, Veronika: Zillertaler Volksmusik eroberte die USA, Die Presse 24. Februar 2013. http://diepresse.com/ home/science/1348340/Zillertaler-Volksmusik-eroberte-die USA

113 Herbst, Wolfgang: Stille Nacht! Heilige Nacht!, a.a.O., S. 78.

114 Zit. nach ebda., S. 89.

115 Vier ächte Tyroler Lieder für Sopran-Solo oder für 4 Stimmen mit willkührlicher Begleitung des Piano-Forte; gesungen von den Geschwistern

Strasser aus dem Zillerthale; treu diesen trefflichen Natursängern nachgeschrieben: DAV, Sign. 2001/55 C 1801

[116] Die Druckversion von 1827 aus Steyr hatte noch alle sechs Strophen enthalten. Vgl. Mail Michael Neureiter an den Autor, 18. September 2017.

[117] Es handelt sich um diese Strophen: Stille Nacht! Heil'ge Nacht! Die der Welt Heil gebracht; Aus des Himmels goldenen Höh'n, Uns der Gnaden Fülle läßt seh'n Jesum in Menschengestalt! Jesum in Menschengestalt! Stille Nacht! Heilige Nacht! Wo sich heut alle Macht Väterlicher Liebe ergoß Und als Bruder huldvoll umschloß Jesus die Völker der Welt, Jesus die Völker der Welt. Stille Nacht! Heil'ge Nacht! Lange schon uns bedacht, Als der Herr vom Grimme befreyt, In der Väter urgrauer Zeit Aller Welt Schonung verhieß! Aller Welt Schonung verhieß!

[118] Vgl. Marti, Andreas: „Stille Nacht! Heilige Nacht" RG 412. Ein „selbstverständliches" Lied in der Kernliederliste, in: Musik und Gottesdienst (65)2011, S. 303.

[119] Herbst, Wolfgang: Stille Nacht! Heilige Nacht!, a.a.O., S. 82.

[120] Holl, Hildemar: Die Dichtkunst Joseph Mohrs und die Lyrik des Biedermeiers in Salzburg, in: Hochradner, Thomas (Hg.): „Stille Nacht! Heilige Nacht!" zwischen Nostalgie und Realität, a.a.O., S. 149f.

[121] Vgl. Bletzacher, Joseph: Geschichte eines deutschen Liedes, in: Die Gartenlaube (39)1891, S. 98.

[122] Vgl. Gassner, J., Franz Xaver Grubers Autographen von „Stille Nacht heilige Nacht", a.a.O., S. 33.

[123] Herbst, Wolfgang: Stille Nacht! Heilige Nacht!, a.a.O., S. 98.

[124] Bletzacher, Joseph: Geschichte eines deutschen Liedes, a.a.O., S. 98.

[125] Vgl. Ebeling-Winkler, Renate: Auf den Spuren von „Stille Nacht! Heilige Nacht!" in Norddeutschland, in: Hochradner, Thomas (Hg.): „Stille Nacht! Heilige Nacht!" zwischen Nostalgie und Realität, a.a.O., S. 163.

[126] Vgl. Eintrag „Rainer, Ludwig", in: Österreichisches Biographisches Lexikon, http://www.biographien.ac.at/oebl/oebl_R/Rainer_Ludwig_1821_1893.xml

[127] Vgl. Schmidt, Veronika: Zillertaler Volksmusik eroberte die USA, a.a.O.

[128] Vgl. Fischer, Manfred W.K.: „Stille Nacht!". Vor 165 Jahren erstmals in den USA, in: Blätter der Stille-Nacht-Gesellschaft (42)2004, S. 1.

[129] Vgl. Schmidt, Veronika: Zillertaler Volksmusik eroberte die USA, a.a.O.

[130] Vgl. Fischer, Manfred W.K.: „Stille Nacht!", a.a.O., S. 1.

[131] Vgl. Hupfauf, Sandra: Die Lieder der Geschwister Rainer und „Rainer Family" aus dem Zillertal. Untersuchungen zur Popularisierung von Tiroler Liedern in Deutschland, England und Amerika (Schriften zur musikalischen Ethnologie, Bd. 5), Innsbruck 2016, S. 220.

[132] Vgl. Schmidt, Veronika: Zillertaler Volksmusik eroberte die USA, a.a.O.

[133] Natursänger Rainer und der Weltruf des Tiroler Nationalgesangs: http://musikgeschichten.musikland-tirol.at/content/musikintirol/info/natursaenger-ludwig-rainer.html

[134] Vgl. Hupfauf, Sandra: Die Lieder der Geschwister Rainer und „Rainer Family" aus dem Zillertal, a.a.O., S. 146.

[135] Vgl. ebda., S. 142ff.

[136] Vgl. Herbst, Wolfgang: Stille Nacht! Heilige Nacht!, a.a.O., S. 102.

[137] Mail P. Winfried Bachler OSB an den Autor, 18. September 2017.

[138] Mail Michael Neureiter an den Autor, 18. September 2017.

[139] Ruszkowski, Jürgen: Johann Hinrich Wichern – Herold der Barmherzigkeit: Leben, Werk, Tragik und Vermächtnis – und die Geschichte des Rauhen Hauses, Hamburg 2014, S. 266ff.

[140] Vgl. Ebeling-Winkler, Renate: Auf den Spuren von „Stille Nacht! Heilige Nacht!" in Norddeutschland, a.a.O., S. 166.

[141] Vgl. Bronner, Wallace J.: Die Rezeption von „Stille Nacht! Heilige Nacht!" in den vereinigten Staaten von Amerika, in Mexiko und Kanada, in: Hochradner, Thomas/Walterskirchen, Gerhard: 175 Jahre „Stille Nacht! Heilige Nacht!", a.a.O., S. 238.

[142] Vgl. ebda., S. 241.

[143] Vgl. Kammerhofer-Aggermann, Ulrike: Die Entstehung des bürgerlichen Weihnachtsfestes, a.a.O., S. 109.

[144] Vgl. Herbst, Wolfgang: Stille Nacht! Heilige Nacht!, a.a.O., S. 86.

[145] Vgl. Bletzacher, Joseph: Geschichte eines deutschen Liedes, a.a.O., S. 98.

[146] Klotz, Petrus: Was ich unter Palmen fand. Aus dem Skizzenbuch eines Orientfahrers, Freiburg i.Br. 1922, S. 95f.

[147] Vgl. Hochradner, Thomas: Stille-Nacht-Blüten. Missverständnisse, ihre Ursachen und Folgen, in: Ders. / Walterskirchen, Gerhard: 175 Jahre „Stille Nacht! Heilige Nacht!“, a.a.O., S. 74.

[148] Vgl. Herbst, Wolfgang: Stille Nacht! Heilige Nacht!, a.a.O., S. 97.

[149] Ebda., a.a.O., S. 9.

[150] Jürgs, Michael: Der kleine Frieden im Großen Krieg. Westfront 1914: Als Deutsche, Franzosen und Briten gemeinsam Weih nachten feierten, München 2003, S. 7.

[151] Oman, Hiltrud: 1914 – „Stille Nacht“-Friedenslied im Schützen graben. Eine Ausstellung im Stille-Nacht-Museum Arnsdorf, in: Blätter der Stille-Nacht-Gesellschaft (53)2014, S. 6f.

[152] Zit. nach Lammel, Inge: Das Arbeiterlied, Leipzig 1970, S. 125.

[153] SNA, Ordner 27.

[154] SNA, Ordner 27. Vgl. auch Gajek, Esther: „Wilde Nacht! Streikende Nacht! Politische Weihnacht im 20. Jahrhundert und ihre Relevanz für ausgewählte „Stille Nacht“-Umdichtungen, in: Hochradner, Thomas (Hg.): „Stille Nacht! Heilige Nacht!“ zwischen Nostalgie und Realität, a.a.O., S. 209ff.

[155] Zit. nach Bolay, Karl-Heinz: Deutsche Weihnacht. Ein Wegweiser für Gemeinschaft, Berlin o.J., S. 190. Hohe Nacht der klaren Sterne, die wie weite Brücken stehn über einer tiefen Ferne drüber unsere Herzen gehen Hohe Nacht mit großen Feuern die auf allen Bergen sind, heut' muß sich die Erd' erneuern wie ein junggeboren Kind Mütter, euch sind alle Feuer, alle Sterne aufgestellt; Mütter, tief in euern Herzen schlägt das Herz der weiten Welt

[156] Hafner, Ottfried: Von stiller Nacht zu schriller Nacht, in: Hochradner, Thomas / Walterskirchen, Gerhard: 175 Jahre „Stille Nacht! Heilige Nacht!“, a.a.O., S. 209.

157 Weber-Kellermann, Ingeborg: Das Weihnachtsfest, a.a.O., S. 57.

158 Zit. nach Pollmann, Gerhard: Heißa Weihnacht, 1940, zit. nach: Prieberg, Fred K., Musik im NS-Staat, Frankfurt/Main 1982, S. 349.

159 Vgl. Hafner, Ottfried,: Von stiller Nacht zu schriller Nacht, a.a.O., S. 210.

160 SNA, Ordner 27.

161 Zit. nach Foitzik, Doris: „Advent, Advent, ein Kaufhaus brennt..." Weihnachtslieder der Studentenbewegung, in: Gesellschaft für Volkskunde in Schleswig-Holstein, Top 3, Berichte, 2. Jahrgang, Januar 1992, S. 10f.

162 Brenner, Helmut: Ihm bleibt auch wirklich nichts erspart – „Stille Nacht" im Theoriegebäude politischer Musikwerdung, in: Hochradner, Thomas / Walterskirchen, Gerhard: 175 Jahre „Stille Nacht! Heilige Nacht!", a.a.O., S. 231.

163 Zit. nach Bronner, Wallace J.: Die Rezeption von „Stille Nacht! Heilige Nacht!" in den Vereinigten Staaten von Amerika, in Mexiko und Kanada, a.a.O., S. 243

164 Zit. nach Gassner, J., Franz Xaver Grubers Autographen von „Stille Nacht heilige Nacht", a.a.O., S. 34.

165 Vgl. Weinmann, Karl: „Stille Nacht, heilige Nacht", a.a.O., S. 32.

166 Herbst, Wolfgang: Stille Nacht! Heilige Nacht!, a.a.O., S. 106f.

167 So Widmann 1902 in der Zeitschift „Der Kirchenchor". Vgl. Bammersberger, Alfred: Der Streit um ‚Stille Nacht'. Vor 110 Jahren verteidigte der Eichstätter Wilhelm Widmann Melodie und Text des Weihnachtsliedes, Donaukurier vom 23. Dezember 2012 (http://www.donaukurier.de/lokales/eichstaett/Eich staett-Der-Streit-um-Stille-Nacht;art575,2697900)

168 Zit. nach ebda.

169 Vgl. Ebeling-Winkler, Renate: „Stille Nacht" in deutschen evangelischen Gesangbüchern", in: Blätter der Stille Nacht Gesellschaft 44(2006), S. 2.

170 Vgl. auch für das Folgende Strasser, Christian: Legenden auf der Leinwand. „Stille Nacht" in der Filmgeschichte, in: Hochradner, Thomas (Hg.): „Stille Nacht! Heilige Nacht!" zwischen Nostalgie und Realität, a.a.O., S. 223ff.

171 Vgl. ebda., S. 227.

[172] Ebda., S. 228.

[173] Vgl. ebda., S. 230.

[174] Zit. nach ebda., S. 231.

[175] Zit. nach ebda., S. 232f.

[176] Ebda., S. 223.

[177] Vgl. Seliger, Marco: Die Leere in unserer Mitte, in: FAZ 23. De zember 2017.

[178] Herbst, Wolfgang: Stille Nacht! Heilige Nacht!, a.a.O., S. 116.

[179] Vgl. Zit. nach Gassner, J., Franz Xaver Grubers Autographen von „Stille Nacht heilige Nacht", a.a.O., S. 34.

[180] Holl, Hildemar: Die Dichtkunst Joseph Mohrs und die Lyrik des Biedermeiers in Salzburg, in: Hochradner, Thomas (Hg.): „Stille Nacht! Heilige Nacht!" zwischen Nostalgie und Realität, a.a.O., S. 141.

[181] Vgl. Morgner, Christoph: Stille Nacht, heilige Nacht. Gedanken zu unserem bekanntesten Weihnachtslied, Lahr 2000, S. 14.

[182] Posener, Alan: Wo wurde Jesus denn nun geboren? In: Die Welt, 17.12.2009.

[183] Morgner, Christoph: Stille Nacht, heilige Nacht. Gedanken zu unserem bekanntesten Weihnachtslied, a.a.O., S. 15.

[184] Vgl. ebda., S. 19.

[185] Mt 1,18–21 und Lk 1,34–38.

[186] Becker-Huberti: Feiern-Feste-Jahreszeiten. Lebendige Bräuche im ganzen Jahr – Geschichte und Geschichten, Lieder und Legenden, Freiburg/Basel/Wien 2001, S. 99.

[187] Vgl. Neuhardt, Johannes: Wallfahrten im Erzbistum Salzburg, München/Zürich 1982, S. 111.

[188] Vgl. Kurzke, Hermann, „Stille Nacht", in: Becker, Hansjakob u.a. (Hg.), Geistliches Wunderhorn, Große deutsche Kirchenlieder, München 2001, S. 415.

[189] Vgl. Morgner, Christoph: Stille Nacht, heilige Nacht, a.a.O., S. 26f.

[190] Herbst, Wolfgang: Stille Nacht! Heilige Nacht!, a.a.O., S. 19.

[191] Mt. 5, 13–16. Auf diese Lichtmetaphorik bezieht sich rund 150 Jahre später auch die vom Zweiten Vatikanischen Konzil verabschiedete Dogmatische Konstitution über die Kirche mit dem programmatischen Titel „Lumen Gentium": „Christus ist das Licht der Völker. Darum ist es der dringende Wunsch dieser im Heiligen Geist versammelten Heiligen Synode, alle Menschen durch seine Herrlichkeit, die auf dem Antlitz der Kirche widerscheint, zu erleuchten, indem sie das Evangelium allen Ge schöpfen verkündet." Rahner, Karl/Vorgrimler, Herbert: Kleines Konzilskompendium, Freiburg i.Br. 2008, S. 123.

[192] Gen., 1,4.

[193] Vgl. Cullmann, Oscar: Die Entstehung des Weihnachtsfestes und die Herkunft des Weihnachtsbaumes, a.a.O., S. 48.

[194] Ekirch, A. Roger: In der Stunde der Nacht. Eine Geschichte der Dunkelheit, Bergisch Gladbach 2006, S. 10.

[195] Zit. nach ebda., S. 26.

[196] Zit. nach Fischer, Ernst Peter: Durch die Nacht. Eine Naturgeschichte der Dunkelheit, München 2015, S. 66.

[197] Vgl. Safranski, Rüdiger: Romantik. Eine deutsche Affäre, München 2007, S. 120.

[198] Ebda., S. 122.

[199] Novalis: Hymnen an die Nacht, in: ders.: Werke, Tagebücher und Briefe Friedrich von Hardenbergs, Bd. 1, hg. von Hans Joachim Mähl und Richard Samuel, Darmstadt 1999, S. 149.

[200] Vgl. ebda., S. 151.

[201] Herbst, Wolfgang: Stille Nacht! Heilige Nacht!, a.a.O., S. 37.

[202] Ebda, S. 38.

[203] Die lateinischen Fassungen sind mitnichten als die älteren an zusehen, auch wenn die Meinung verbreitet ist, lateinische Texte seien grundsätzlich älter als deutsche. „Stille Nacht" ist definitiv 1816 von Joseph Mohr gedichtet worden, alle Versionen in Latein sind jüngeren Datums. Vgl. Herbst, Wolfgang: Stille Nacht! Heilige Nacht!, a.a.O., S. 25.

[204] Die lexikographischen Erläuterungen gehen zurück auf Brück ner, Dominik: Wortgeschichtliches in „Stille Nacht“, http:// www.stillenacht.at/de/forschung-details.asp?id=217

[205] Ebda. Abschnitt 12.

[206] Vgl. Haid, Gerlinde: Die UNESCO-Empfehlung, in: Blätter der Stille Nacht Gesellschaft, 50(2011), S. 7.

[207] Vgl. Loos, Helmut: Zum Topos des Weihnachtsliedes in der Aufklärung (Das Weihnachtslied in katholischen Gesangbüchern des späten 18. Jahrhunderts), in: Hochradner, Thomas / Walterskirchen, Gerhard: 175 Jahre „Stille Nacht! Heilige Nacht!“, a.a.O., S. 41.

[208] Marti, Andreas: „Stille Nacht! Heilige Nacht“ RG 412. a.a.O., S. 301.

[209] Vgl. ebda., S. 302.

[210] Vgl. https://yougov.de/news/2016/12/14/das-sind-die-beliebtesten-weihnachtslieder-der-deu/

[211] Vgl.https://de.statista.com/statistik/daten/studie/74105/umfrage/ beliebteste-weihnachtslieder-der-deutschen/

[212] Vgl. http://www.thueringer-allgemeine.de/web/zgt/leben/detail/ -/specific/Umfrage-Stille-Nacht-heilige-Nacht-beliebtestes Weihnachtslied-1535199526

[213] Kurzke, Hermann: „Stille Nacht“, in: Becker, Hansjakob u.a. (Hg.), Geistliches Wunderhorn, a.a.O., S. 414.

[214] Vgl. Mann, Thomas, Buddenbrooks. Verfall einer Familie, Frankfurt/M. 2008, S. 543f.

[215] Kurzke, Hermann, „Stille Nacht“, a.a.O., S. 416.

[216] Ebda., S. 416.

[217] So Karin Jurczyk, Leiterin der Abteilung Familie und Familienpolitik beim Deutschen Jugendinstitut in München. Zit. nach Schaaf, Julia: Unser erstes Weihnachten, in: Frankfurter Allgemeine Sonntagszeitung, 24. Dezember 2017

[218] Wiedergegeben anhand der 1995 entdeckten Original-Handschrift Joseph Mohrs aus den Jahren 1820–1825. Vgl. S.150.

[219] Der Text ist als Abschrift vom handschriftlichen Original veröffentlicht in: Hochradner, Thomas/Walterskirchen, Gerhard (Hg.): Stille Nacht. Die Autographen von Joseph Mohr und Franz Xaver Gruber, a.a.O., S. 10. Gruber wählte für die Ortsbezeichnungen Arnsdorf und Wagrain die damals noch üblichen älteren Schreib weisen Armsdorf und Wagrein.

[220] Die Nummerierung I–VII geht auf den früheren Kustos des Salzburger Museums Carolino Augusteum (SMCA, heute Salzburg Museum) Josef Gassner (1917–2005) zurück, dem das Ver dienst zukommt, die Autographen systematisch erschlossen zu haben. Gassner selbst hat 1951 den Autographen VII im Archiv des Museums entdeckt. Die 1995 am SMCA aufgefundene bis dato unbekannte Mohr-Fassung aus der Zeit um 1820 konnte von Gassner nicht mehr in seine Systematik eingefügt werden. Sie wird hier als Autograph VIII der Auflistung hinzugefügt.

Bildnachweis

S. 12 © Jacques-Louis David [Public domain], via Wikimedia Commons

S. 16 © Salzburg Museum [Public domain], via Wikimedia Commons

S. 20 © Leopold Kupelwieser [Public domain], via Wikimedia Commons; creativecommons.org/publicdomain/zero/1.0/

S. 22 © Friedrich Lieder [Public domain], via Wikimedia Commons

S. 28 © Stille Nacht Archiv Hallein / Stille Nacht Museum Hallein

S. 31 © by Sebastian Stief [Public domain], via Wikimedia Commons; SalzburgWiki/die Autorenschaft wurde nicht in einer maschinell lesbaren Form angegeben. Es wird Gakuro als Autor angenommen (basierend auf den Rechteinhaber Angaben); © Stille Nacht Archiv Hallein / Stille Nacht Museum Hallein

S. 34 © Renardo la vulpo [Public domain], via Wikimedia Commons

S. 37 © Stille Nacht Archiv Hallein / Stille Nacht Museum Hallein

S. 42 © https://www.stillenacht.gallery/wp-content/gallery/2-fremd-1/AutographIISNArchiv.jpg

S. 43 © https://www.stillenacht.gallery/wp-content/gallery/9-presse-1/L5_Autograph-V_Hallein.jpg

S. 44 © Stille Nacht Archiv Hallein / Stille Nacht Museum Hallein

S. 58 © Michael Neureiter, Stille Nacht Archiv Hallein / Stille Nacht Museum Hallein

S. 66 © Stille Nacht Archiv Hallein / Stille Nacht Museum Hallein

S. 71 © Luckyprof [CC BY-SA 3.0 at (https://creativecom mons.org/licenses /by-sa/3.0/at/deed.en)], via Wikimedia Commons

S. 79 © Stille Nacht Archiv Hallein / Stille Nacht Museum Hallein

S. 82 © Stille Nacht Archiv Hallein / Stille Nacht Museum Hallein

S. 86 © Stille Nacht Archiv Hallein / Stille Nacht Museum Hallein

S. 98 © [Public domain], via Wikimedia Commons

S. 123 © Stille Nacht Archiv Hallein / Stille Nacht Museum Hallein

S. 135 © Eweht [Public domain], via Wikimedia Commons

S. 142 © © Stille Nacht Archiv Hallein / Stille Nacht Museum Hallein

S. 147 © Stille Nacht Archiv Hallein / Stille Nacht Museum Hallein